Talent Assessment in Action

21世纪应用心理学系列教材

名誉主编 | 张厚粲　杨玉芳

主　　编 | 孙健敏

人才测评操作实务

（第2版）

苏永华 ◉ 主编

中国人民大学出版社

· 北京 ·

序言（一）

德国心理学家艾宾浩斯说："心理学有一个漫长的过去，却只有一个短期的历史。"尽管在大约 2 500 年以前古希腊时代的柏拉图、亚里士多德等和我国的孔子、孟子等大思想家们都有大量关于人性和心身关系之类的重要论述，但是那些都属于哲学思想的范畴，只有从 1879 年冯特在莱比锡大学创建了世界上第一个心理实验室开始，心理学才被认为是一门独立的学科，从哲学中分离出来。心理学成为独立的学科至今不过 130 多年。冯特对心理学贡献巨大，他不只在德国成立心理学实验室，使心理学成为一门独立的科学，同时他还广收学生，为世界各国培养了第一代心理学家，其中也包括了我国学者蔡元培。

20 世纪初，心理学从西方传入我国，首先是 1917 年在北京大学建立实验室，1921 年成立中国心理学会，在众多老一代心理学家的共同努力下，一度蓬勃发展，30 年代在人员、机构、出版物等诸多方面都迅速增长，出现了中国心理学的第一个繁荣时期。抗日战争爆发后，心理学与我国的其他学科一样都发展变慢，年轻的心理学更因本来就人数不多的学者大多南迁，受到更大的影响。新中国成立以后，心理学的教学被停止，研究受到批判，开始进入它特有的曲折坎坷的长期发展历程。"文革"期间心理学被打成伪科学，陷入了一个更深的低谷。直到 70 年代末，心理学才又恢复发展。经过 30 多年的奋斗，心理学从过去的冷门成为现在的热门学科。我在心理学领域工作了 60 多年，亲眼见证了心理学在我国发展的起伏变化，从对心理学的热爱到与学科一起受打击挨批判，几经波折，现在终于看到心理学在中国得到了认可和欢迎，受国家重视，被大力提倡研究并推广应用，并且我国的心理学研究在国际上也赢得了应有的地位。自 20 世纪 80 年代中国心理学加入国际心理科学联合会以来，我国学者已经担任过三届国际心理科学联合会副主席，至今仍有一位在执委会工作。目前中国心理学在学习国际先进科学技术，大力开展认知神经科学等实验研究的同时，有意识地发扬东方文化传统，体现我国特色，发展前景无限光明。

教学是培养新生力量的基本途径。20 世纪 80 年代初，历经苦难坚持下来的中国心理学工作者为数很少，恢复初期以显示心理学的科学性质、赢得社会认可为主要目标，集中力量加强心理学基础，在实证研究与理论探讨方面取得了一系列成绩，培养的人才大多数正是当代中国心理学的领军人物。改革开放以后，社会与经济发展转型，心理学也开始走向社会，加强联系实际，首先是在教育、医学、军事等几个新中国成立前已有一定基础的领域，从事研究、应用和推广。取得的初步成绩不仅提高了心理学为社会服务的能力，还更加明确了意义、增强了信心。心理学应用范围日益扩大：教育改革中推行素质教育、加强幼儿教育、培养创新型人才，教育考试改革，实行公务员考试，企业和部队等各行各业的人员选拔，我国体育健儿为国争光、在各种运动项目上的出色表现等等，都包含着心理学应用做出的贡献。近年来心理健康问题引起了社会的广泛关注，心理咨询与心理治疗迅速发展，已成为心理学应用的一个重要分支。此外，在以人为本的政策指引下，工程、管理、司法、消费等领域的心理学应用也在不断地迅速发展壮大。心理学的作用和取得的成绩受到国家的重视和人民的欢迎，为了向更高水平前进，培养新生力量的教学工作自然就被提上了日程。

近年来教育部每年都在十几所高等院校新增心理学专业。现在国内共有300余所院校开设心理学系或专业，其中200多所开设的是应用心理学专业，这一点也反映出社会对应用心理学人才的需求，因而应该更多更快地培养出学以致用的应用型人才。为实现此目的，除进行适合应用心理学专业的科学的课程设置外，还应开发适合不同实践领域的应用型教材。鉴于国内应用心理学学科发展的需要，中国人民大学出版社组织了这套“21世纪应用心理学系列教材”。本套教材以国内应用心理学学科发展比较成熟的分支为线索，力求反映应用心理学各个分支最前沿的理论和成果；其作者都是在特定的学科领域内具有多年教学经验和丰硕科研成果的学者，有非常坚实的学科知识积淀和丰富的教学经验；本套教材还根据国内应用心理学发展的现状及人才培养的需要，在人力资源与管理和心理健康与咨询这两个相对更成熟的分支学科上进行挖掘和拓展，做到进一步细分。总之，本套教材在借鉴国外应用心理学发展成果的基础上，充分反映了国内应用心理学发展的需求与现状，以加强学科知识基础为出发点，以有效应用于实践为落脚点，做到了理论与实践的紧密结合。衷心希望本套教材的出版，能够为促进我国应用心理学的迅速发展做出贡献。

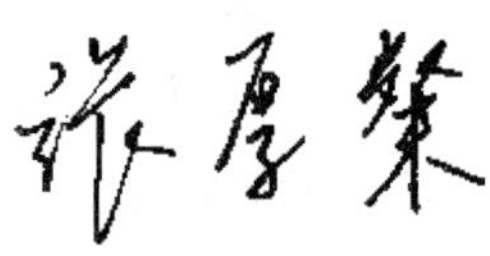

2014年4月13日

序言（二）

心理学研究人的心理与行为。心理行为既有生物学基础，又受到社会文化环境的影响。因而，心理学兼具自然科学和社会科学的双重属性，在人类社会发展中具有重要而又独特的地位。

由于研究对象的复杂性，心理学研究的多层次和多角度并存。心理学对心理行为的研究可以分为三个层次：一是神经生理学层次，探索神经系统产生心智的机制；二是个体层次，探索个体的行为和心理活动，以及发展过程中的心智结构及功能特点；三是社会层次，研究人与社会情境交互影响，以及不同社会文化环境下心智活动的差异。心理学对基本主题的研究采用了不同的视角，包括结构、发生和发展、内容、比较、进化等。结构视角注重研究对象的结构和形式。发生和发展的视角关注心理结构和功能随时间推移所发生的变化过程，解释心理行为的发生和发展，以及认知老化的过程和规律。内容视角研究已有心理结构内部的特殊成分对心理行为的影响。比较的视角研究个体之间以及群体之间的差异。进化的视角关注心理结构的来源，以及随着功能的变化而发生的适应和选择。这些研究视角在不同的研究层次上都有所体现。

按照心理学研究的不同层次、研究者采用的不同视角，心理学学科体系可以划分为不同的分支和领域。认知心理学注重人的意识和认知过程的研究，如注意、知觉、表象、记忆、思维和语言等。认知心理学不仅是一个学科分支，而且是心理学整体研究的理论和方法论基础。生理心理学主要探讨心理活动的生理基础，研究脑与行为的演化、脑的结构功能与行为的关系等。发展心理学主要研究人类在毕生发展过程中心理的变化过程及其规律。社会心理学研究个体和群体的社会心理现象。文化心理学强调不同文化条件下的心理特点和行为，主要研究心理与文化的关系，不同文化下的心理行为的比较等。

对心理学理论和方法的应用深入到社会生活的各个领域，形成了庞大的应用心理学的分支学科群。临床心理学通过心理咨询与治疗帮助病人克服自己的精神和行为障碍，更有效地适应环境。教育心理学研究教学过程和学习的一般规律，侧重于研究正常学生群体的心理规律，是教师进行教学活动的重要依据。组织心理学以组织中的人作为特定的研究对象，致力于最大限度地调动人的积极性和创造性，共同实现管理目标。工程心理学研究人—机—环境系统，探求工程技术设计与人的身心特点的匹配，提高系统效率、保障人机安全和实现有效而舒适的工作环境。法律心理学是建立在法学和心理学基础之上的应用学科，研究与法律有关的心理活动和规律。心理学应用中比较成熟的分支学科还有军事心理学、运动心理学、健康心理学等等。在传统的应用领域不断发展并取得丰硕成果的同时，心理学的应用正在延伸到越来越广泛的社会领域，为社会性问题的解决发挥着独特的作用。

20世纪初，科学心理学就已经开始在我国传播。但是，直到改革开放之后心理学才获得稳定和高速的发展。至今我国已经拥有300多个心理学研究和教学机构，遍布全国各省市。研究内容涵盖了心理学几乎所有传统和新兴分支领域。在某些基础研究领域，已经达到或者接近国际领先的研究水平。进入21世纪以来，中国心理学工作者在国际优秀刊物上发表的论文数量不断增加。心理学应用研究主要集中于临床心理学、心理咨询与治疗、组织管理心理学、军事心理学和运动心理学等，其成果为社会建设与经济发展做出了贡献。

尽管如此，我国心理学研究的整体水平和规模，与发达国家相比，还有很大差距。尽快提高心理学的科学研究水平、加强原创性研究，提高心理学专业人才的培养数量与质量，发挥心理学科在国民经济和社会发展中的作用，是我国心理学科未来发展的重要任务。我国正处于社会与经济发展的转型期，各类矛盾凸显。中国社会和历史的独特性，为心理学的创新与发展提供了广阔的空间和舞台。心理学家应该具有社会责任感，对重大社会现实问题从心理学角度提出科学系统的解决办法，提高应用研究的针对性和时效性。人才是科学研究的关键，是一个学科的研究水平和未来走向的决定因素。目前我国心理学人才的培养，在数量和质量上都有待提高。培养目标、培养模式以及课程设置和教学方法等，与国外相比存在很大差距。因此尽快提高我国心理学专业人才的培养质量和数量，也是未来心理学科发展的必要条件。

与基础心理学相比，应用心理学的发展或许有自己独特的规律和条件，因而在学科体系中具有特殊地位。它的形成与发展通常以社会需求为牵引，以心理学与相关学科的交叉与融合为基础。在不同社会生活领域的应用，为心理学研究提出了许多新鲜课题。应用性成果所产生的效益和影响，又为心理学赢得了更好的社会文化与政策环境。

本套“21世纪应用心理学系列教材”立足于应用心理学的国际发展趋势，服务于我国应用心理学的学科建设，它的编撰和出版，必将有助于我国应用心理学教学和应用性人才的培养，也有助于应用心理学自身的发展与繁荣。

杨玉芳

2014年3月15日

序言（三）

应用心理学在我国的普及和流行，近年来出现了突飞猛进的趋势。国内已经有300多所院校设置了心理学本科专业，其中绝大部分是应用心理学专业。根据教育部的学科设置，应用心理学属于心理学的二级学科，与基础心理学和发展与教育心理学并列。作为一个二级学科，应用心理学在人才培养和科学研究方面，都面临着难得的机遇和相当大的挑战。首先，对于什么是应用心理学，还缺乏一个统一的定义。其次，应用心理学所涉及的领域十分广泛，例如教育、法律、咨询、运动等，是把不同领域的知识和技能整合到一个专业里，还是在一个统一的"大帽子"下侧重不同的专业领域，这是应用心理学人才培养和课程设置中亟待解决的问题。最后，社会上对应用心理学的需求十分旺盛，需要各种人才去解释和解决现实中的问题，而我们的研究和人才培养，无论从质量上还是从数量上，尚不能完全满足这种不断增长的社会需求。

《韦伯斯特大辞典》对应用心理学的定义是：心理学的分支之一，试图把心理学原理应用到教育、工业或市场领域的实际问题中。

百度百科提供的定义是：应用心理学是心理学中迅速发展的一个重要学科分支。由于人们在工作及生活方面的需要，多种主题的相关研究领域形成心理学学科。应用心理学研究心理学基本原理在各种实际领域中的应用，包括工业、工程、组织管理、市场消费、社会生活、医疗保健、体育运动，以及军事、司法、环境等各个领域。随着经济、科技、社会和文化的迅速发展，应用心理学有着日益广阔的前景。

维基百科对应用心理学没有提出标准的定义，而且声明，现在提供的信息（截至2013年12月底）不属于百科全书式的说明，只是个人观点的表达，希望有人能进行补充和完善。其定义是：应用心理学是心理学原理和理论在克服真实生活情境中的问题中的应用。心理健康、组织心理学、企业管理、教育、健康、产品设计、法律等是几个应用心理学原理和科学发现的典型领域。还有一些应用心理学领域，包括临床心理学、咨询心理学、进化心理学、工业与组织心理学、法律心理学、神经心理学、职业健康心理学、人的因素（人—因工程，也叫工效学）、法医心理学、工程心理学、学校心理学、运动心理学、交通心理学、社区心理学、医学心理学。另外，普通心理学中的一些专门的领域也有应用的分支，例如应用社会心理学、应用认知心理学等。但是，专门的分支领域和主要的应用心理学分类的界限常常是模糊不清的。例如，人的因素心理学家必须使用认知心理学理论，这可以称为人—机因素心理学，也可以称为应用认知心理学。

成立于1892年的美国心理学学会（APA），属于全球最大的心理学专业学会，拥有54个分会，13万多名会员（包括国际会员）。其研究问题和分会的设立，大多属于应用心理学或与应用有关的学科，例如：社会问题的心理学研究（第 9 分会）、临床心理学（第 12 分会）、工业与组织心理学（第 14 分会）、学校心理学（第 16 分会）、军事心理学（第 19 分会）、消费者心理学（第 23 分会）、健康心理学（第 38 分会）、传媒心理与技术（第 46 分会）、创伤心理学（第 56 分会）。

1920 年，国际应用心理学会正式成立，标志着这个学科的学术地位得到普遍认同。目前有来自 80 多个国家和地区的会员 1 500 多人，共有 18 个分会（包括一个学生分会，即第 15 分会）。实际上，应用心理学的出现，远比国际应用心理学会的成立要早。闵斯特伯格（Hugo Munsterberg）被认为是应用心理学的创始人。19 世纪末，他从德国到了美国，开始研究哲学。但他对心理学领域的广泛兴趣，使他的研究大多集中在社会现实的心理问题上，例如目的心理学、社会心理学、法庭心理学等。他发表了多篇关于证词、法庭程序与认罪等方面的文章，1908 年出版了《证人的立场》（*On the Witness Stand*）一书。次年，应用心理学部合并到哈佛大学心理学实验室。

100 多年来，应用心理学的研究和人才培养在世界各地都有了长足进展，心理学家在社会生活的各个领域发挥的作用越来越大。但在我国，由于各种原因，心理学的学科建设和发展经历了很多挫折和磨难，应用心理学的发展更是步履蹒跚。随着我国经济和社会各方面的发展，对应用心理学的需求逐渐凸显出来，人们对心理问题的关注，政府对心理科学的重视，为应用心理学的发展提供了难得的机遇。

遗憾的是，目前我们还没有一套能够既反映国际前沿的发展趋势和研究成果，又能结合中国实际的适当的应用心理学教材。尽管国内已经出版了几种版本的应用心理学丛书，但还不能完全满足各类高校在课程设置、专业选择、师资开发和提升等方面的广泛需求，广大师生还期望有更多的高质量的教材。

在这种背景下，中国人民大学心理学系两年前与中国人民大学出版社协商，邀请国内应用心理学各领域学有专长的老师，编写一套相对体现前沿研究成果和中国实际、针对心理学专业本科生的应用心理学教材。本套教材的编写原则是兼顾综合性和专业性、科学性和实用性、先进性和现实性、学术性与实践性，尽量使师生们在课程设置和内容取舍方面可以根据自己的特点进行必要的选择和组合。

中国人民大学心理学系是相对年轻的系，但心理学在中国人民大学却有着长久的历史，从 20 世纪 50 年代的心理学研究生班开始，到 80 年代在社会学系发展起来的社会心理学专业和后来的国内第一个社会心理学博士点的设立，以及在经济、管理和法律等相关领域的心理学应用研究和人才培养，在某种程度上形成了一些特色。2013 年第一届 21 名本科生已经顺利毕业，其中 11 人考取了海外大学的博士或硕士研究生，9 人考取了国内的研究生，1 人顺利就业。这一成绩的取得，是我们在本科生教学和人才培养上贯彻中国人民大学培养“厚重人才”的指导思想的结果，也是我们以科研促教学、打好基础、培养顶尖人才的教学思想的体现。我们愿意与国内兄弟院系的同行一起，团结合作，探索和完善应用心理学人才培养的成功之道。

本套丛书的策划和出版，得到了我国著名心理学家张厚粲教授、杨玉芳教授的大力支持和悉心指导。两位前辈不仅同意做名誉主编，而且身体力行，在百忙之中指导丛书的选题，为丛书推荐作者，多次参与讨论和审定编写大纲，并为本套丛书撰写序言。前辈严谨的学术态度和敬业精神，使我们深受教育。

本套丛书从策划、编写到出版，得到了来自全国各地的各位作者的大力支持。我作为主编，在此向各位作者表示衷心的感激和敬意！

本套丛书的策划编辑张宏学，更是不遗余力，对丛书的编写、出版做出了重要贡献。

恳请丛书的读者和使用者提出意见和建议，使我们不断改进和完善。

孙健敏

2014年4月16日

主编介绍

苏永华，心理学博士，教授，复旦大学管理学院博士后，中组部领导干部考试与测评中心特聘专家，全国心理技术应用研究会副理事长，北京人力资源服务行业协会副会长，上海市心理学会副会长，上海市人力资源管理专业委员会理事长，上海人才服务行业协会副会长兼人才测评专业组组长。诺姆四达集团公司（NormStar Group）董事长、总裁，诺姆四达研究院院长。

苏永华博士在大学从事人才测评教学、科研工作十余年，为企业和政府组织提供咨询和服务实践工作二十余年。苏永华博士是中国人才测评基础理论研究的先行者和奠基人，创办了诺姆四达人力资源测评咨询公司，现已发展成为分支机构遍布全国的集团性企业，是人力资源行业中最具影响力的品牌企业之一。在人才测评工具开发与创新、人才测评服务模式探索、人才测评服务标准建立等方面做出了突出贡献，引领了中国人才测评业的发展，是中国人才测评界的领军人物。他主持研发的“华瑞人才测评系统”获上海发明协会的“创造发明奖”，《职业经理人素质测评系统》被中组部的专家鉴定为“该项研究成果填补国内空白”。其论文《现代人才测评理论与方法研究》（博士论文）、《中国人才测评业面临的六大挑战》，以及博士后出站报告《在华跨国公司本土经理人员选拔研究》等成果是中国人才测评业的奠基性文献。在进行理论研究的同时，苏永华博士及其诺姆四达团队还为众多世界500强和中国500强企业提供专业的测评咨询服务，将人才测评理论真正应用于解决实际问题。苏永华博士还经常在各种相关人力资源论坛和专业会议上发表演讲，是集理论与实践于一身的中国人才测评界领军人物。

第 2 版序

距离《人才测评操作实务》第 1 版的出版已经五年。这五年当中，企业对人才测评的认可接受程度越来越高，人才测评在企业中的应用越来越广泛，同时，企业对人才测评的要求越来越高，这对人才测评的理论、工具方法、过程实施等都提出了新要求和新挑战。在这样的背景下，诺姆四达紧跟企业需求不断完善自身理论体系，更新工具方案、优化实施流程，以求为企业的人才管理贡献力量。上一版书籍中的部分内容已经不能体现当前最新的测评实务操作，因此，第 2 版中将这部分内容进行了更新，以求将最新的实务操作经验呈现给读者。本书的修改如下：

(1) 对第二章的心理测验在人力资源测评中的应用部分进行了扩充，以测评内容为划分标准，将心理测验分为个性测验、能力测验和动机测验三种，并基于此分别展开介绍，对不同类型测验中的主要方法进行了较为详尽的阐述。个性测验的介绍中包括明尼苏达多相人格量表（MMPI）、卡特尔 16 种人格因素量表（16PF）、迈尔斯—布里格斯类型量表（MBTI）、九型人格测试、投射测验等内容。能力测验包括智能测验、基本潜能测验、工作能力测验等内容。动机测验包括价值观测评、职业兴趣测评等内容。

(2) 对第四章的面试方法概述进行了扩充。本节内容包括面试方法的特点和面试的分类。另外，本节还对行为化面试和情景化面试这两类方法进行了着重介绍，包括两种类型面试的优点和在测评实施中的注意要点。在每种方法介绍的最后还展示了多道样题，这些样题是由 NormStar 开发，在实践中已经使用过，具有良好效果的题目。

(3) 在第五章增加了两节内容，分别对评价中心技术中的案例分析和演讲这两种测评方法进行了介绍。案例分析这一节包括案例分析概述、案例分析的类型、案例分析的特点、案例分析的适用范围、案例分析题本开发、案例分析的组织实施、案例分析的评分与评价等内容。演讲这一节包括演讲概述、演讲的类型、演讲的组织实施、演讲的评分与评价等内容。

(4) 增加了第八章，对民主考察进行了介绍。本章介绍分为三节，分别为民主考察概述、民主考察形式、民主考察的组织与实施。在民主考察概述中对民主考察的来龙去脉和价值意义进行了介绍。在民主考察形式中对民主推荐、民主测评、个别谈话以及民主公示这四种考察形式进行了介绍。在民主考察的组织与实施中，介绍了组织实施注意事项、组织实施主体、组织实施程序、网络化民主考察方式等内容。

此次修订分工如下，刘文静负责修订的组织工作，胡雅倩负责修订工作。由于水平有限，书中难免有不当之处，肯请各位专家、学者和读者提出宝贵意见。

苏永华　刘文静　胡雅倩

2015 年末于上海

第 1 版序

尽管中国是考试的故乡和发源地，但现代人才测评的理念、工具、技术却是从西方传入中国的。自 20 世纪 80 年代开始，中国的学者和专家就开始学习和借鉴西方人才测评的先进理念，发掘中国考试文化瑰宝，力争探索出与中国当代实际情况及未来发展趋势相适应的人才测评理论框架与实践体系。

30 年来，中国由一个贫穷落后的国家，变成了一个经济繁荣、社会和谐、政治昌明的现代化国家。作为社会管理和组织管理的重要工具与手段，人才测评历来都是以满足和促进社会政治、经济、文化发展目标的实现而变革自新的。其间，中国人才测评的发展经历了学习引进、消化吸收，探索试验、大胆应用，推陈出新、创造超越三大阶段。可以说，中国人才测评为中国的改革开放、为中国的经济发展、为中国的社会和文明进步做出了巨大贡献。

我于 1987 年考入华中师范大学心理学系攻读心理测量专业硕士研究生，自此开始了人才测评事业生涯。毕业后留校任教，从事教学和科研工作。2000 年从华东师范大学心理学系博士研究生毕业，从此下海进入企业专心于人才测评实践。在理论研究和教学生涯中，我深切地感觉到理论不结合实际是无用的，照搬西方的东西显然也是行不通的，开创适合中国发展的人才测评理论体系与工具系统才是中国人才测评发展的必由之路。基于这样的认识，1998 年国内首家市场化的人才测评专业服务机构——诺姆四达测评咨询服务有限公司（NormStar）诞生了。公司开业十几年来，为 1 000 多家客户提供了专业化的人才测评服务，企业客户主要是世界 500 强企业和各行业排名前十的企业，在线测评人数突破 800 万人次，线下 AC 测评服务超过 1 万人次，积累了大量的数据和案例。然而，实践的经验必须总结提炼成为理论并进而反哺实践，这才是一种良性的循环。作为早期进入中国人才测评领域的专业工作者，这也是我必须担负起的历史赋予的责任。因此，在 2010 年，我们决定把中国人才测评理论与实践领域的成果，包括 NormStar 内部的测评项目服务经验以及工具手册等专属知识整理出版，包括《人才测评概论》、《人才测评操作实务》和《人才测评案例集》三本书。

NormStar 把人才测评看成一种独立的社会活动和社会现象，并将其纳入整个社会系统。从历史演变的角度来审视、观察、分析、评价人才测评活动的功能与价值；从实践的角度来阐述人才测评的标准、工具与方法、实施的规范流程、结果的应用等实际问题；从学理的角度来解析人才测评的基本原理、基础理论、活动原则、发展趋势等学术问题。这是 NormStar 的独特视角，其他同类书籍则更多的是在工具、技术、操作层面进行介绍。

《人才测评概论》是总览性、纲要性的，主要是搭建人才测评的理论框架，回答人才测评的一些根本性的问题，提出解决人才测评实践问题的原则性观点。全书共分七章。第一章总论，主要是从宏观和历史的角度阐述人才测评的演变轨迹和轮廓、现代人才测评的产生、人才测评的社会价值与作用、人才测评的功能与实施原则、人才测评的基本原理。第二章主要分析了人才测评的基础理论，由于人才测评的对象是人，因此心理学成为其第一大基础理论，其次是组织管理以及社会管理的基础理论，再次则是人才测评的统计学和测量学基础理论。本书用了一章（第三章）的篇幅来阐述人才标准，这是基于我们对人才标准在人才测评活动中的核心地位和价值认识而决定的。第四章对人才测评的工具与技术进行了介绍，在体系安排上我们是以人的能力素质结构层次来介绍工具技术的，这样便于读者理解和运用。第五章介绍了目前人才测评在国内各个领域的应用，其中重点介绍了在企业组织中的应用。第六章是关于人才测评师的职业能力素质要求，因为人才测评的活动主要靠人才测评专业人员——人才测评师来推进和执行。在第七章中，我们对人才测评未来的发展趋势和可能面临的挑战进行了预测性的分析与展望。

《人才测评操作实务》是为解决人才测评实践活动的操作问题而设计的，具有很强的操作性和参考性。人才测评是实践性极强的一门学科，仅有理论体系和方法技术还远不足以达成预期目标，可以说在操作过程中若差之毫厘，则谬以千里，很多测评实践之所以失败，没有达到预期的效果，问题大多出在操作实务方面而非理论层面，而操作实务则是需要在实践中探索、总结、修正、积累，并逐渐成熟的，这正是我们专业测评服务机构的强项。在《人才测评操作实务》这本书中，首先对人才测评的基本流程进行了系统的介绍，然后重点介绍了心理测验、笔试、面试、评价中心技术、多源反馈调查技术、履历分析等几种最常用的人才测评工具与方法的操作实务细节，对于实际工作者来说具有很大的参考价值。

《人才测评案例集》主要介绍了企业组织中应用人才测评的经典案例，具有启发性和借鉴性。人才测评不仅具有工具价值，如甄别选拔、诊断预测等，还有很强的管理价值和社会价值，如激励功能和导向功能。但怎样才能认识到人才测评的这些价值，如何将人才测评理念、工具技术与企业的战略目标和管理体系有效地配合，发挥出它的强大功效，大多数人包括学者专家和许多管理者对之还是茫然或心存疑虑的。《人才测评案例集》介绍了中国本土企业（包括在华跨国公司）在人才测评应用方面的实际经验和成果，向读者展示出了人才测评在人力资源管理，特别是在招聘甄选、晋升选拔、后备人才选拔与培养、培训与发展、绩效考核等领域应用的独特魅力。

人们一直把人才测评当成心理学或人力资源管理的一个分支或附属性的学科。确实，当前在人才测评领域从事科研、教学以及应用的机构中，具有心理学学科知识背景的人员占的比重高于其他学科，我本人也是在心理学的浸润中成长起来的。不可否认，人才测评的许多基础理论和工具技术都来源于心理学，且心理学队伍中也有不少人在从事有关人才测评的研究与应用工作，但如果把人才测评置于心理学学科体系之内，则难以看到人才测评的全貌，会局限人才测评的发展。人才测评是一种具有独特性的、重要性的社会活动和现象，因此，我们把人才测评当成一门独立的学科来看待。

当然，我深知构建一门独立的学科体系需要极大的勇气与绝世的才干，我也清楚我个人的才能、知识结构与经验积淀都远远不足以完成这样的任务。好在中国人才测评事业的魅力吸引了很多的精英人才，我们的成长亦得到了很多人积极的鼓励、无私的帮助和鼎力的支持，我们的研究也吸收了他们的思想和成果，在此我要对他们表示诚挚的感谢和深深的敬意。

首先要感谢老一辈专家学者，他们给了我们最大的鼓励和榜样的力量。这里特别要感谢的有：原华中师范大学考试科学研究院院长廖平胜教授（已故），他是中国考试学的创始人，我的前辈和恩师；北京师范大学心理学院张厚粲教授，她是我在心理测量学领域的启蒙老师；华东师范大学心理与认知科学学院俞文钊教授和杨治良教授，在我撰写博士论文期间给了我很大的鼓励和支持；复旦大学管理学院薛求知教授，是我在复旦大学管理学院博士后工作站期间的指导老师，是他指导我研究了在华跨国公司的人才测评理论与实践；南京师范大学教育科学学院杨鑫辉教授；北京师范大学心理学院前院长、心理测量与人力资源所所长车宏生教授；江西师范大学教育学院漆书青教授。其次要感谢一些同道中人，是他们给了我们许多无私的帮助，特别是以下几位：华中师范大学心理学院院长周宗奎教授、中国浦东干部学院领导素质测评研究所赵世明教授、上海交通大学管理学院院长助理唐宁玉教授、中国人民大学心理学系系主任孙健敏教授、复旦大学心理学系系主任孙时进教授、华南师范大学教育科学学院张敏强教授、华东师范大学心理学院庞维国教授、成都医学院吕建国教授、沈阳师范大学人力资源开发与管理科学院常务副院长张淑华教授、上海人才服务行业协会秘书长朱庆阳先生、北京人力资源服务行业协会副会长兼秘书长张宇泉先生。

在此，我要感谢中组部领导干部考试与测评中心、人力资源和社会保障部、上海市人力资源和社会保障局、湖北省人力资源和社会保障厅、青岛市委组织部、上海人才服务行业协会、北京人力资源服务行业协会、湖北省人力资源服务行业协会等机构的领导和工作人员，他们一直关心和支持我们。特别是 2010 年 11 月 9 日，人力资源和社会保障部副部长信长星到我们公司参观考察，领导的亲切关怀和指导给了我们极大的鼓舞。

我还要感谢我们的客户，是它们给了我们实践的机会、探索的田园。我们的客户涉及金融、能源、制造、通信、电子、地产、航空、零售等20多个行业。它们不仅是行业的领导者，也是人才测评应用的先行者，从实践层面推进了人才测评在中国的发展。

最后，我要感谢NormStar团队。NormStar的团队是一支优秀的团队，由一群有志于中国人才测评事业发展的青年才俊组成，他们敢于担当，风华正茂，勇于创新，颇具才气，从他们身上我看到了中国人才测评事业的壮丽未来。

这三本书汇集了中国人才测评领域有关人才测评研究的最新思想和成果，是20多年来大家共同奋斗和耕耘成果的阶段性总结。尽管在本书的写作过程中，大家付出了很大努力，克服了很多困难，但就本书的质量来说，还是那句古话，“初生之物，其形必丑”。尽管如此，我们依然将这三本书面市，我们的想法就是以开放的心态，把我们的观点和想法亮出来，以此来引起更多的人关注这一领域，吸引更多的能人志士参与这一领域的建设发展，推动中国人才测评事业的蓬勃发展，最终走出中国，引领世界人才测评的潮流。这是我们编写出版这三本书的最根本的愿望和动力。

这三本书得以出版面世要感谢中国人民大学出版社的领导和编辑，是他们慧眼识珠，认识到了人才测评这门学科的重要性、专业性、学术性，并积极推进其出版。

我作为这三本书的主编，负责统筹策划、确定写作的原则和大纲、终稿审定等工作，也承担了部分章节的写作任务。纪超、程鹏两位作为编委，承担了纲目的细化、人员的组织，与出版社编辑的协调，以及书稿的初审等工作。除此之外，参与《人才测评概论》写作的有彭平根、唐为民、方华、黄文艳；参与《人才测评操作实务》写作的主要是NormStar北京公司的同事，他们是孙成娜、高海燕、姜鹏飞、刘力、左逢双、冯竞、王敏、蒙荟；参与《人才测评案例集》编写的主要是NormStar上海公司的同事，除了前面提到的几位编委外，还有康婧、龙燕、顾青、柳杰、李文俊和张琳。在此对所有参编人员在这段日子里付出的辛勤劳动表示由衷的感谢。

苏永华

2010年末于上海

目　　录

第一章 人才测评操作流程概述

【关键词】

人才测评操作流程　评估模型　测评准备　测评实施　测评应用

人才测评操作流程是对人才测评工作的主要操作步骤进行的说明，通常来看，人才测评操作包括三个阶段：准备阶段、实施阶段、应用阶段（如图1—1所示）。

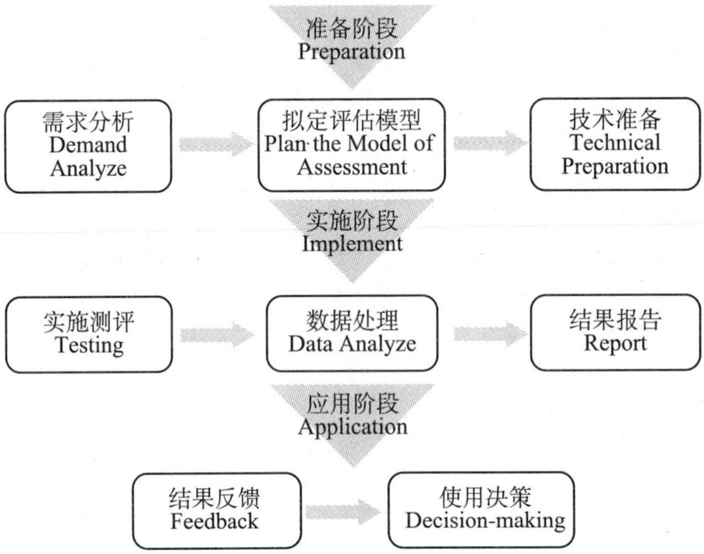

图1—1　人才测评操作流程

第一阶段——测评准备阶段

测评前准备的目的是为测评的顺利实施进行前期准备，主要的工作内容包括：

（1）需求分析。

确定人才测评的对象，明确人才测评需要达成的目标，以此为依据，进行后续的测评设计和规划。

（2）确定测评要素和内容。

也就是拟定评估模型，确定此次测评需要评估哪些内容和要素。这些测评要素须能体现出测评重点，并反映出测评目的。测评要素通常要覆盖目标岗位履职所必需的各类能力，如知识、技能、管理能力、态度、风格、个性、价值观、求职动机与拟任职位的匹配性、举止仪表等方面。每次测评之前都要根据职位要求设定或修订测评内容。

（3）测评工具和题目开发（命题）。

选择合适的测评工具，根据测评要素进行相应的题目开发，也就是命题工作。具体需开发的测评工具可能包括：评价中心的文件筐、行为面试、角色扮演、情景模拟。需开发的题目类型有：笔试题目、面试题目、情景模拟（情景演练）题目、案例分析题目等。

（4）设计测评组织实施流程。

根据被测者人数、测评时间、测评工具种类，设计测评的组织实施流程，也就是在什么时间段、参与什么测评内容/环节、需要准备哪些材料、需要做什么工作等流程设计；对测评现场实施所需的人力、物力等资源进行合理安排。

第二阶段——测评实施阶段

测评实施阶段是根据准备阶段的安排正式实施测评，具体工作包括：

（1）测评现场实施工作。

测评组织实施人员按照设计的组织实施流程进行测评组织工作，包括宣读测评说明、分发试卷、安排面试、安排其他评价活动、回收材料等；评委、主考官等则在过程中负责监考，或者进行面试提问、活动观察等，并对整个评价过程及被测者的表现进行记录、评价。

（2）测评评价工作。

综合各种测评方法得到的记录、结果，进行综合分析和评价。必要时，撰写每个被测者的测评报告或团体报告。

第三阶段——测评结果应用阶段

形成测评结果后，根据测评结果和测评目的，将测评结果应用于实际的工作中，比如招聘用人决策、培训需求调查、职业发展规划等。

第一节 测评准备阶段

一、需求分析

在设计测评活动之初，首先要做的就是对该次测评的被测者、测评要达成的目标、可投入的资源等情况进行界定和分析。这些要素将影响到测评活动的每一个细节，如评估模型（测评标准）、测评工具与方法、测评流程设计、测评实施安排、测评结果呈现与应用。

在需求分析阶段重点要考虑两个因素：被测者及测评目的。

从被测者来源可以将测评活动划分为企业内部测评和企业外部测评。企业内部测评是指针对企业现有员工进行的测评活动，其中包括全员素质诊断和基层、中层、高层管理人员及后备干部选拔等；企业外部测评是指被测者来源于企业外部，需通过测评将合适的人筛选到企业内部，其中包括校园招聘、各层级各类型人才的社会招聘等。从被测者的层级或类别可以将测评活动划分为：校园招聘，全员素质诊断，基层、中层、高层管理人员及后备干部选拔，专业技术人才素质诊断及选拔等。

测评的目的是指通过测评拟实现何种目标。按测评目的划分时一般会凸显测评在人事决策中的作用，通常可分为诊断性测评、选拔性测评、发展性测评等。诊断性测评是指通过测评活动了解被测者的能力现状，可根据被测者特点和诊断目的确定测评指标。选拔性测评是指通过测评活动筛选出符合某种特征或标准的候选人，如择优或劣汰。测评的目的是区分和选拔优秀人才，测评时更关注当前的胜任水平，测评内容更关注鉴别性素质指标。发展性测评的测评目的是了解候选人的优劣势，针对优劣势提供针对性的培养方案，测评的标准要高于当前岗位，测评内容更关注潜力性指标。

二、拟定评估模型

在拟定评估模型时要根据此次测评目标针对胜任素质模型进行分析，从中选出需进行测评的指标，从而组合成评估模型。若企业尚无胜任素质模型，在拟定评估模型时应考虑到以下几个方面：结合被测者和测评目的确定测评重点内容；结合被测者的岗位职责及企业文化、发展战略等对员工的素质要求确定测评指标、内涵，以及各测评指标之间的权重；根据测评工具和方法的适应性确定同一指标内不同方法之间的权重等（具体操作思路可参见《人才测评概论》一书中的“人才测评标准”一章）。图1—2、图1—3为评估模型样例。

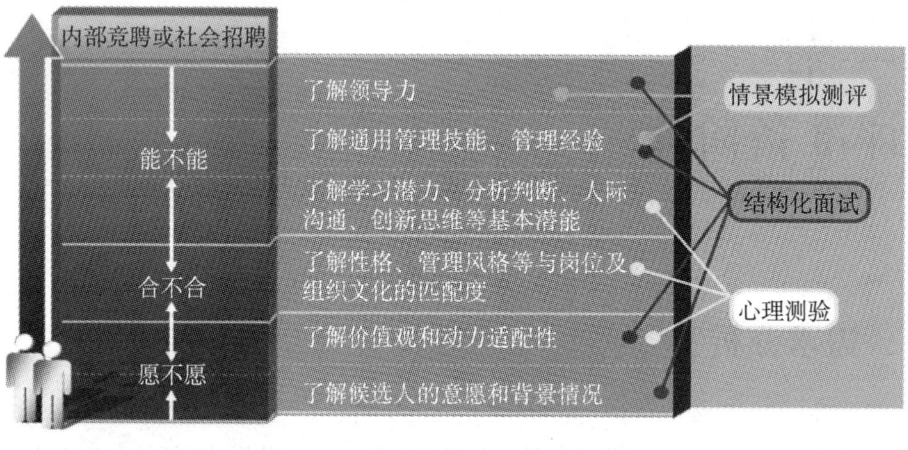

图1—2　内部竞聘和社会招聘测评内容样例

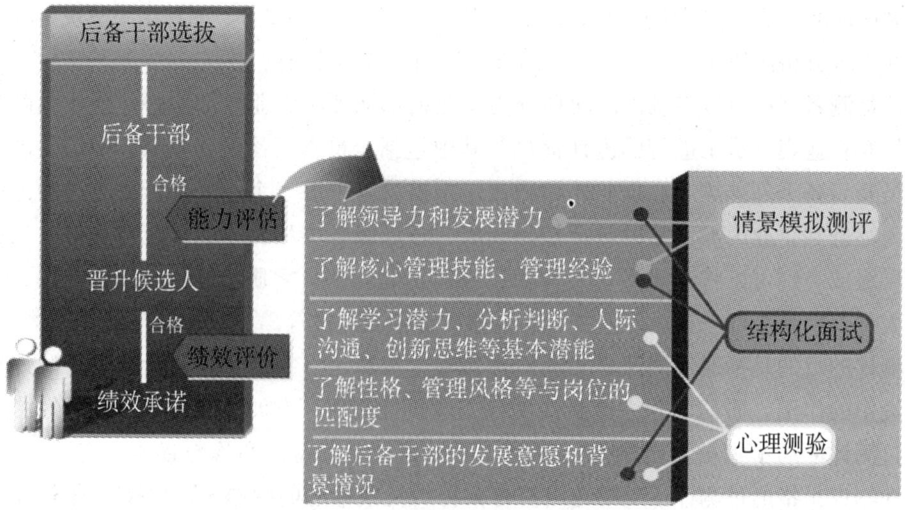

图1—3　后备干部选拔测评内容样例

三、技术准备

技术准备阶段主要包括三项内容：测评工具的选择、测评题目的开发和测评流程的设计。选择测评工具时主要依据被测者的特点、测评指标的特性与测评工具和方法的匹配性。不同的测评工具和方法本身的特性决定了其适用范围，因此，在选择测评工具和方法时要遵循科学、客观的原则，准确选择测评工具和测评方法。在测评题目开发方面，要进行测评题目信度、效度检验或评估，根据被测者、测评指标、测评目的等方面开发针对性题目，切忌在没有详细分析以上因素的情况下凭经验和主观臆断盲目选择某套测评题目。同样一次测评，测评背景上任何一项细微变化都会影响整个技术思路，如鼓励跨专业或跨部门的候选人入围时，在开发测评题目时要注意避免使知识成为能力发挥的瓶颈。在测评流程设计方面，除考虑被测者的背景、测评工具与方法的实施条件外，还应从经济性、时效性、便捷性、保密性的角度设计测评流程。评估模型整体结构样例如表 1—1 所示。图 1—4 为测评流程设计思路示意图。

表 1—1　　评估模型整体结构样例

××集团公司校园招聘评估模型						
指标类别	指标名称	指标权重	无领导小组讨论	结构化面试		
				求职陈述	结构化提问	自由提问
主要指标	沟通协调	30%	15%		15%	
	积极主动	20%			20%	
	分析思维	30%	10%		20%	
	团队合作	20%	20%			
参考指标	求职动机					▲
	形象仪表			▲		

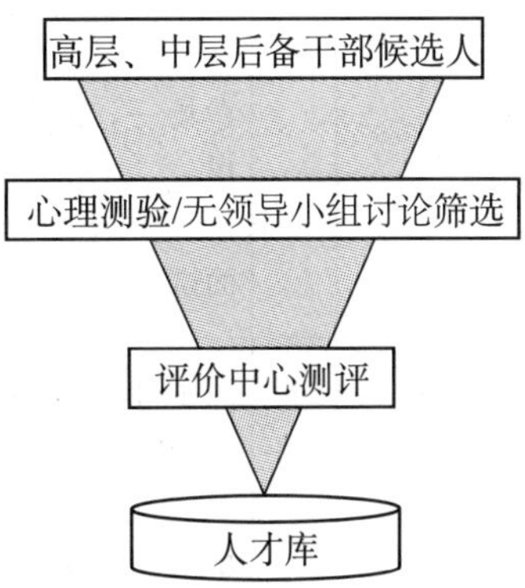

图 1—4　测评流程设计思路示意图

第二节 测评实施阶段

测评实施是指按照前期测评流程的设计，组织实施测评活动。从工作内容上分为通知被测者、测评材料的打印及有关设备的准备、测评现场的组织、测评结果整合处理及报告撰写等。测评现场组织的流程在后续各章节有详细介绍，本部分仅介绍测评实施的整体流程。流程样例如表1—2所示。

表1—2　　专业及能力测试——单日测评流程样例

时间	1号	2号	3号	4号	5号	6号	评委	备注	
7:50	休息室一，签到、抽签、阅读考生须知								
8:20	考场二，开始文件筐测试						9:00后考场一，评委模拟工作会议培训		
9:50	文件筐测试结束								
10:00	考场一，开始模拟工作会议						观察记录		
11:00	模拟工作会议结束						开始打分	调整考场一的桌椅设施，使其符合面试考场要求	引领员引导考生到休息室一休息
11:10	行为风格测试								
11:30							打分结束，评委结构化面试培训		
11:40	行为风格测试结束								
12:00	午休						评委休息室休息	工作人员为休息室评委提供午餐	
12:50	午休结束								
12:45	备考室，备考						考场一，准备就位	引领员开始引导1号到备考室准备	
12:50	考场一，开始面试						面试1号		
13:28	评委自由提问						向1号自由提问		
13:35	面试结束						给1号打分	面试工作人员提醒休息室一工作人员通知2号准备	

第三节
测评应用阶段

形成测评结果后，即可根据测评结果和测评目的，将测评结果应用于实际的工作中，比如招聘用人决策、培训需求调查、职业发展规划等（见图 1—5）。

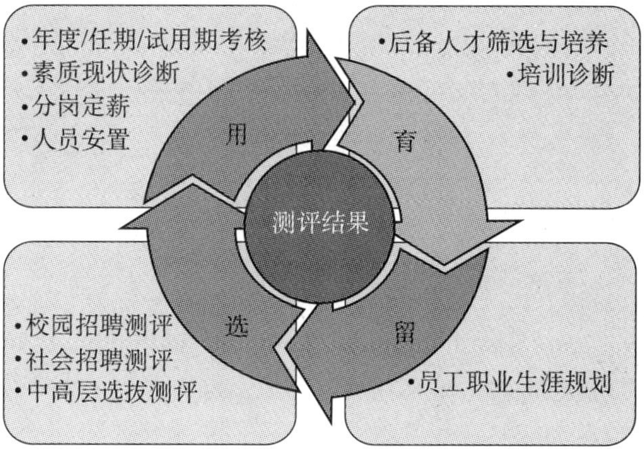

图 1—5　测评应用示例

【思考题】

1. 人才测评准备阶段需要做哪些工作？
2. 进行测评需求分析时应考虑哪些因素？
3. 什么是评估模型？如何拟定评估模型？
4. 人才测评操作流程包括哪些内容？
5. 人才测评可以应用到哪些方面？

第二章 心理测验

【关键词】

心理测验　常模　个性测验　能力测验　动机测验

第一节 心理测验方法简介

心理测验是通过观察人的少数具有代表性的行为，对于贯穿在个体行为活动中的心理特征，依据确定的原则进行推论和数理化分析的一种科学手段，是对行为样组客观的、标准化的测量。

心理测验通常包含题目、常模和测验说明书等几个基本要素。题目可以由文字、图画、操作工具等组成；常模是指解释测验分数的标准参照；而测验说明书是有关测验目的、内容、方法、程序、评分标准等相关信息的文件。

众所周知，目前各种类型的人才测评项目中，心理测验几乎都是必选项，究其原因，乃是心理测验具备以下特点：

（1）操作简便。操作简便是心理测验最显而易见的特点之一。特别是在大规模的人才测评中，常使用人机对话式的心理测验，计算机上呈现的是事先依据一定指标编制好的心理测验，其结果报告也会迅速自动由计算机产生，这样，就节省了打印、批改试题与撰写报告等步骤。

（2）间接性。间接性特点是指心理测验能够通过间接性的方式较好地预测人的行为。人的心理活动是通过其外部行为表现出来的，缺乏直观性，因此一般难以直接测量，但是心理特质往往是一些比较稳定的、决定人的行为的深层次因素，因此心理测验预测行为的准确性较高。

（3）客观性、标准化。客观性是一切测量的基本要求，而心理测验在测验的编制、实施、评分等过程都具有严格而标准的程序，有助于其保持客观性。当然，心理测验的客观性主要是通过编制和实施测验过程的标准化程序来实现的。因此，心理测验的技术人员必须经过严格的专业培训，能够熟练掌握测验的量表，遵守测验实施的标准化程序，并能正确地解释测验的结果。这是心理测验最为突出的优点，人才测评的其他形式也都在这一点上努力向心理测验靠近。

在众多的方法之中，心理测验可以说是一个行之有效的技术。在人力资源管理中使用的心理测验主要包括三方面内容，即个性测验、能力测验与动机测验。本章后面三节将会对这三种测验进行详细介绍。

然而，如同本套丛书中《人才测评概论》一书中提到的那样，尽管心理测验具有其他测评方法无法比拟的优点，但在实际测评活动中也存在较为明显的不足之处。主要表现为开发周期长、变通性弱、专业性过强等。此外，值得注意的是，任何一种测量方法，都不可避免地会在测量过程中出现误差，心理测验由于受到主客观方面很多因素的影响，且多数难以控制，与物理性的测验相比易产生较大的误差，如心理测验中较难解决的掩饰性问题，就对心理测验的准确性造成较大的影响，这在后面的篇章中将详细描述。

第二节 个性测验

一、个性与个性测评

个性历来是一个争议颇多的概念，至今心理学界也没有一个统一的定义。从人才测评的角度，我们一般将个性理解为“个体所具有的独特的、稳定的、对待现实世界的态度及行为模式”。个性反映了一个人的行为方式和思维特点，因此和人的某些方面的工作绩效有关。大量研究发现，成功人士未必具有特定的个性特征，但某些个性特征确实是成功人士的共同特点。此外，有些工作更适合具有某种个性特征的人，具有某些个性特征的人组成的团队能更为成功，等等。同时，个性的独特性、稳定性，及其对人的行为模式所产生的深远影响，更使其成为有效预测个体和团队工作绩效的良好变量。因此，20 世纪 80 年代以后，对员工个性的测评被逐渐引入人力资源管理实践领域，成为现代人才测评最为重要和普遍的方法之一。

个性测评是对个性进行测量和评价的过程，具体是指通过一定的方法对员工的个性特征进行定性或者定量的描述，进而与岗位的要求进行匹配评价的过程。从人力资源管理实践来看，个性测评主要用在人才的招聘、选拔和任用方面，其优点主要在于：（1）有助于因岗试人，即根据岗位的不同特点重点考察候选人的某些性格特征，有的放矢；（2）促进团队和谐，如果管理者和同事都了解员工的个性特点，就可以采用适合的方法与其交往、共事，减少人际矛盾，形成良好的团队氛围；（3）有利于用人之长，管理者可基于对下属个性的了解，帮助其扬长避短，提高工作绩效。

二、个性测评的主要方法

我们可以通过社会评定、压力作业测验等方式考察一个人的个性特征，但其中最为有效的个性测评方法还是心理测验。个性测评也因心理学家对个性的不同定义而有不同的测量，根据操作模式的不同可以分为自陈量表测验和投射测验。

1. 自陈量表测验

自陈量表测验（self-report inventory）多采用结构化的形式设计一系列陈述句或问题，要求受试者本人按照每个项目的陈述，根据自己的经验、态度做出符合自己情况的回答，以测量和评估个性特点。它所呈现的刺激材料即问卷的项目是明确的、具体的，回答也是具体的。对测验结果的评分是根据数量化的原则，采用标准化常模作为参照体系来进行定量或定性的描述。

第一个正式的个性量表可追溯到 R. S. 武德沃斯在第一次世界大战期间编制的“个人资料表”（Personal Data Sheet，1917）。根据理论依据的不同，个性测验量表可以分为两大类，分别基于特质论和类型论设计而成。特质论的核心观点认为，一个人的个性由若干稳定的特质所组成，通过了解这些个性特质可以预测个体的行为，此类个性量表主要有明尼苏达多相人格量表（MMPI）、卡特尔十六种人格因素量表（16PF）、加利福尼亚心理量表（CPI）、爱德华个人爱好测验（EPSS）、艾森克人格问卷（EPQ）等。类型论的核心思想是根据某种原则把人划分为几大类型，认为个性是一个有机的整体，而不是特质的机械组合，此类个性量表主要有迈尔斯—布里格斯类型量表（MBTI）、DISC 测验、九型人格测试等。

上述两类个性测验各有特点，从应用层面上讲，特质量表更利于与特定工作岗位的胜任特征相结合，测评的针对性更强。而类型量表的结果呈现方式比较容易理解，将“人”分门别类也比较符合一般人的思维习惯，但此类测验很难就岗位进行匹配性测评，更多用于团队配置等测评针对性要求不高的工作。目前，这两类测验在国内外人才测评实践中均有广泛应用，我们在使用时应根据测评目的的不同选择合适的量表。

以下，我们简单介绍几种目前国内外应用最为普遍的自陈式个性量表。

（1）明尼苏达多相人格量表。

明尼苏达多相人格量表（Minnesota Multiphasic Personality Inventory，简称 MMPI）是 20 世纪 40 年代初由美国明尼苏达大学教授哈撒韦和麦金利编制的。该量表的问世是自陈式心理测验发展史上的一个重要里程碑，具有深远的影响，至今已有近 30 种语言的译本（包括中文版），广泛应用于多个社会实践领域。

MMPI 基于大量临床经验材料编制而成，通过正常组与异常组进行对比测试，利用交叉测验、重复测验等方法反复验证量表的信效度，最后确定了 10 个临床量表和 3 个效度量表，共 566 道题。其中 16 题是重复性题目，用于检验答题者是否认真作答。题型为折中是非型，即每个问题都有“是”“否”和“不能确定”三个选项可供被试者选择其一（见表 2—1）。

表 2—1　MMPI 量表名称及解释

序号	量表名称	代号	高分者表现
临床量表			
1	疑病（Hypochondriasis）	Hs	强调有许多模糊的身体疾病
2	抑郁（Depression）	D	有抑郁情绪，不快乐
3	癔症（Hysteria）	Hy	用否认和压抑来处理外来压力
4	精神病态（Psychopathic deviate）	Pd	与社会缺乏一致、在遵守制度和法律上有问题

续前表

序号	量表名称	代号	高分者表现
临床量表			
5	男性化—女性化（Masculinity-femininity）	Mf	性别倾向有问题
6	偏执（Paranoia）	Pa	多疑，过于敏感
7	精神衰弱（Psychasthenia）	Pt	紧张、焦虑
8	精神分裂（Schizophrenia）	Sc	混乱、思想怪癖
9	轻躁症（Hypomania）	Ma	冲动、易怒
10	社会内向（Social introversion）	Si	内向、害羞
效度量表			
11	说谎分数（Lie）	L	不诚实作答
12	诈病分数（Fake bad）	F	可能蓄意装病
13	校正分数（Defensiveness）	K	有装好的企图

1989年明尼苏达大学心理学系教授J. 布彻尔等人对MMPI进行了修订，正式推出MMPI-2，对550个原MMPI项目（不包括16个重复项目）中的82个进行了修改，新增了154个临时性新项目，对原MMPI未曾关注的家庭功能、进食失常、药物滥用、治疗与康复的心理准备和对治疗工作的抵触情绪等内容进行了描述。

（2）卡特尔16种人格因素量表。

卡特尔16种人格因素量表（Cattell's Sixteen Personality Factor，简称16PF）由美国伊利诺伊州立大学人格及能力测验研究所教授R. B. 卡特尔编制而成。卡特尔采用因素分析法进行统计分析后发现，人的个性由16种因素构成，各种因素在一个人身上的不同组合，便描绘了其不同于他人的独特个性（见表2—2）。

表2—2　16PF各因素名称及解释

序号	因素名称	解　释
1	乐群性	描述是否愿意与人交往、待人是否热情
2	聪慧性	描述抽象思维能力、聪明程度
3	稳定性	描述对挫折的忍受能力、能否做到情绪稳定
4	支配性	描述是否愿意支配和影响他人、是否愿意领导他人
5	兴奋性	描述情绪的兴奋和活跃程度
6	责任性	描述对社会道德规范和准则的接纳和自觉履行程度
7	敢为性	描述在社会交往情境中的大胆程度
8	敏感性	描述敏感程度，即判断和决定是否容易受到感情的影响
9	怀疑性	描述是否倾向于探究他人言行举止之后的动机
10	幻想性	描述对客观环境和内在的想象过程的重视程度
11	世故性	描述是否能老练、灵活地处理事务
12	忧虑性	描述体验到的烦恼和忧郁程度
13	开放性	描述对新鲜事物的接受和适应程度
14	独立性	描述独立程度，或对群体的依赖程度
15	自律性	描述自我克制、自我激励的程度
16	紧张性	描述生活和内心的不稳定程度及相关的紧张感

16PF的适用对象为15岁以上的中学生和所有具备小学阅读水平的青年、壮年和老年人，整个量表共187题，答题时间一般为40分钟左右。该量表同样采用折中是非题型，

且由16个分量表组成，可以直接对上述16个特质进行考察，从而较为全面地描绘一个人的个性特点。

除此之外，卡特尔教授等人还开发了一系列公式，利用前面16个量表的分数以及这些公式，可以计算出一些二元个性特征，如焦虑性、外向性、安详机警性、果敢性、心理健康因素、专业成就者的个性因素、创造能力个性因素、在新环境中有成长能力的个性因素等。

迄今为止，16PF已被译成多种文字，广泛应用于临床诊断、人才选拔、心理咨询和职业咨询等领域。该量表的中文版于1979年由国内专业机构引进并结合中国国情加以修订，目前已发展到第五版，在实际测评中表现出较高的信效度。

（3）迈尔斯—布里格斯类型量表。

迈尔斯—布里格斯类型量表（Myers-Briggs Type Indicator，简称MBTI）是当今世界上应用最广泛的个性测评工具之一。它以瑞士著名心理学家荣格的性格类型理论为基础，由美国的凯瑟琳·C·布里格斯和伊莎贝尔·布里格斯·迈尔斯母女共同开发，迄今已经被翻译成近20种世界主要语言，每年的使用者多达200多万。MBTI根据四个维度的不同偏好，把人的个性分为16种类型。这四个维度分别是：能量定势（外倾E—内倾I）、感知类机能（感觉S—直觉N）、判断类机能（判断J—感知P）和机能使用偏向（思考T—情感F）。其中，能量定势代表一个人的精力来源，感知类机能代表个体接受信息的方式，判断类机能代表个体对信息进行使用和处理的方式，机能使用偏向则代表个体适应外部环境时的心理偏好。

MBTI于1942年问世以来，经过不断修订和完善，至今已升级了10多个版本，目前最新的一个版本为1998年修订的标准M版，由93道迫选题（二选一）组成，要求被试在确定自己为无压力的情况下答题，尽量以真实的自我状态参加测试，完成后由主试引导被试确定自己的个性类型并进行自我探索。

需要指出的是，MBTI是一种非常有效的自我认识工具，2001年由专业机构引入国内以来，在职业定位、领导力发展、团队建设等方面得到了较为广泛的应用。但受限于类型测验本身的特点，MBTI在招聘选拔、人事任用等需要进行针对性适岗测评的领域内作用不是很大。此外，MBTI的施测有严格的流程和规范，每一位主试都必须经过系统的培训和严格的认证，确保在实际操作和理论知识两个方面都具备过硬的素质，有能力掌握整个评估过程。然而，在实际工作中，未经认证人员随意使用MBTI对他人进行测评，造成重大结果偏差的情况时有发生，这一点非常值得引起高度重视。

（4）九型人格测试。

九型人格是人格类型理论中又一著名理论。认识九型人格是为了帮助人们发现真实的自我，深入了解自己的优点或缺点，挖掘自己的潜能，追求更高层面的意识；同时也是为了帮助人们了解他人，理解他人的行为，以便更有效地与他人沟通和交流。

九型人格同其他类型理论一样，每一种类型都有其局限性，也都有其独特的能力，它们没有天生的更好或更坏，只是在特定的情境中，会有某些类型更受人喜爱。

九型人格测验量表，目前国际上比较流行的是海伦·帕尔默开发的量表，此量表由108道自陈题组成，涉及工作、生活、价值观等方面。每一项描述都针对九型中的某一型表现，被试要在每一项描述中对符合自己的选项打上记号，最后将描述同一型的记号统计相加，拥有最多记号的数字很有可能就是被试的基本类型。海伦·帕尔默指出，这一问卷结论只是一个参考，更精准的判断需了解各类型的详细描述，经过深入揣摩比较后才可获得。

另一种较为熟悉的则是理查德·里索以及拉斯·赫德森开发的里索—赫德森类型指标（Riso-Hudson Type Indicator）。这一量表对于每一种人格类型都提供了 20 项描述，每一项描述都是来自实际经验。这些描述反映了此类型介于“健康”和“一般”状态之间的一些态度和行为，这主要因为人们不会承认自己不健康，而倾向于把自己看成是健康的一类。在每一种类型的 20 项描述中，被试都至少“同意”或“非常同意”15 项，也就是说大部分的描述都要符合被试过去、目前或将来可能的表现，才可说当前类型是被试的基本类型。测量的过程要求被试的所有回答都是出自第一反应，不能想象这些描述在某种极端的情况下发生的可能性。做完对九个类型的所有描述题后，也许每个类型都有一部分描述符合，但只有一种类型的描述符合得最多，这一类型表现最突出也最明显，则这就是被试的基本类型。

我国研究者自引入九型人格理论后做了积极的探索，其中比较被社会所接受的是中国九型人格学院依据 Enneagram 性格指标所开发的九型人格测验量表。这一量表共由 144 道的自陈题组成，测试时间大约需要 40 分钟，测试中问题的答案没有正确与错误之分，仅是反映个体的个性和世界观。这一量表不同于海伦·帕尔默问卷和里索—赫德森类型指标之处在于它不是对每一项描述都回答“符合”，而是在每一道题里都有两项描述，被试必须在这两项描述中选择其中符合的一项。个体可以通过量表了解他人是如何看待自己，以及相互间是如何被影响的。在中国九型人格学院的努力下，九型人格已在企业管理、团队建设、职业生涯、领导力、压力管理、人际沟通等方面得到广泛的应用。

2. 投射测验

1939 年，L. 弗兰克首先使用“投射法”这个名称，他认为投射法是“一种研究个性的方法，它使被试面对某种情境并根据这一情境对其意义做出反应”。投射测验是一种对行为的潜意识或隐藏的内容尤为敏感的工具，它使用意义相对模糊即非结构化或结构相当松散的刺激材料，如墨迹、图片或词语联想等，给予被试较大的自由反应空间，能使被试在对测验目的最少觉察的情况下，引出他们非同寻常的、内容丰富的反应资料，投射出其内在的欲望、风格、价值观、情感、动机及冲突等，借以探测被试经过文饰的个人特质，或不自觉的人格之隐藏部分，从而推论其整体个性特征。

目前应用最为广泛的投射测验是罗夏墨迹测验（Rorschach Inkblot Test）和主题统觉测验（Thematic Apperception Test，简称 TAT），其测验样例分别见图 2—1 和图 2—2。罗夏墨迹测验的操作方式是向被试出示 10 张经过精心制作的墨迹图，这些测验图片以一定顺序排列，要求被试回答如“这看上去像什么?”“这可能是什么?”“这使你想到什么?”等问题，从而诱导出被试者的生活经验、情感、个性倾向等潜在的心理特征。主题统觉测验最早由心理学家 H. A. 默里于 1935 创制，由一套 30 张内容颇为隐晦的图片组成，内容以人物或景物为主，另有空白卡片一张。每张图片都标有字母号，按照年龄、性别把图片组合成四套测验题，每套 20 张，分成两个系列，每系列各有 10 张。分别用于男人、女人、男孩和女孩，其中有些图片是共用的。测验进行时，主试按顺序逐一出示图片，要求被试对每一张图片都根据自己的想象和体验，讲述一个内容生动、丰富的故事。随后主试与被试作一次谈话，了解被试编造故事的来源和依据，从而捕捉被试投射出的内心世界，推断其个性特征。除此之外，比较常用的投射测验还有绘图测验、班达完形测验、语句完成测验、职业统觉测验等。

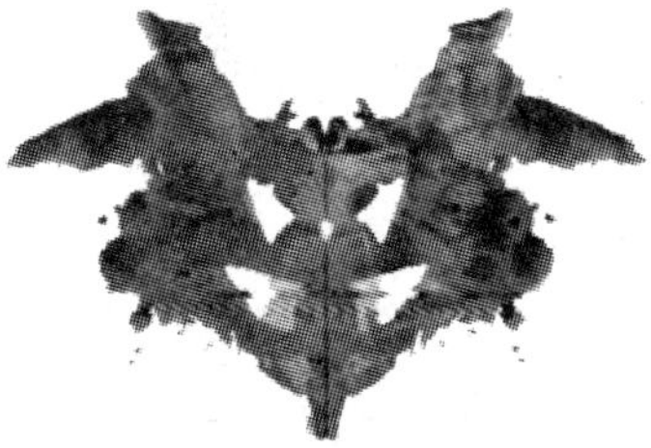

图 2—1　罗夏墨迹测验样例

图 2—2　主题统觉测验样例

与自陈量表测验相比，投射测验最大的优势在于可以洞察被试深层次的潜意识，深入探察个体的独特性，从整体上把握被试的个性特征。另外，投射测验的目的常常被部分或全部隐藏，表面效度低，被试很难伪装，它也不依赖被试是否真实回答之结果，可弥补问卷测验的局限，而且它还不受文化背景的影响，可以广泛应用于跨文化研究中。但其局限性也同样明显：投射测验从施测人员的培训到结果分析都比较费时费力，收集到的信息受到主试与被试关系的交互影响，对测验结果的分析解释很大程度上也依赖于主试的主观经验，无法进行标准化评分。而且主试必须经过专业训练，具有丰富的临床经验和相关理论知识。这些局限使得投射测验不太符合实际应用的经济性要求，因此在人才测评实践中的应用受到了很大限制，使用率远远不如自陈量表测验。当然，投射测验自身也在改善和发展，力图使施测、计分更标准化、客观化。例如，温特等改进了对 TAT 进行内容分析的方法，使计分者之间的相关在 0.85 以上，实证效度的研究也得到较理想的结果。①

第三节
能力测验

一、能力与能力测评

心理学所指的“能力”（ability）与我们一般理解的能力不同，是一个专有概念，指影响个体执行特定活动或任务的心理特征和行为模式。能力可以是天生的，也可以是后

① See Winter，D. G. &Barenbaum，N. B.，“Responsibility and the Power Motive in Women and Men,” *Journal of Personality*，1985，53 (2)：335－355.

天习得的，具有一定的生理学基础，且在一段时间内基本保持稳定。我们认为能力这一概念具有两重内涵：一是个体已经表现出来的实际能力；二是个体潜在的、尚未表现出的、可以预测其成功可能性的心理潜能，一般也称为能力倾向（aptitude）或性向。

对能力的测评历来是学界和实践领域最感兴趣的研究课题之一，其中能力测验（心理测验的一种）是开发最早，也是最为成熟的一种方法。能力测验的起源最早可以追溯到20世纪初，心理学家首先从测试儿童智力入手，直到两次世界大战期间，这方面的研究还主要集中在智能测评领域，但已开始关注人员招募（主要是军人）等实际问题。战后，随着测验技术的发展以及实践需求的转变，心理学家越来越关注如何通过对个体能力的考察来预测不同领域的学业或职业成功，能力测评的内容也大大突破了智能范畴，开始向基本潜能、职业能力倾向等方向拓展。时至今日，能力测验已经形成了比较完善的分类系统，包括智能测验、基本潜能测验（也叫一般能力倾向测验）、基础职业能力测验和特殊职业能力测验这四大类。

二、几种常用的能力测验

1. 智能测验

智能测验（intelligence test）主要考察被试的认知能力，在人才测评实践中使用的比较多的主要是一些我们俗称的智力测验，其中最有代表性的是比奈—西蒙量表、斯坦福—比奈量表和韦克斯勒智力量表。

比奈—西蒙量表（Binet-Simon Scale）是由法国心理学家比奈和医生西蒙于1905年合作首创的人类历史上第一个测试个体智力的标准化量表。第一版的比奈—西蒙量表包括30个测量一般智力的项目，其中既有对较低级的感知觉方面的测量，也有对较高级的判断、推理、理解等方面的测量。1908年，两人又对量表进行了修订，将题目扩充到59道，并首次引入智力年龄作为衡量智力发展水平的指标，成为最早的年龄标准量表。

比奈—西蒙量表问世后，引起了全世界心理学家的广泛关注，很快被译成多种文字，不少人还进行了修订。其中以斯坦福大学L. M. 推孟1916年主持修订的斯坦福—比奈量表最为著名，它第一次将智商（IQ）概念运用到智力测验中，其公式为智商（IQ）＝智力年龄（MA）/实足年龄（CA）×100，使智力分数能在不同年龄间进行比较，从而进一步发展和完善了比奈以智龄评定智力的方法。

上述两个量表的共同问题是在临床应用中发现其具有上限年龄，即通常情况下只适用于16岁以下的未成年人，而实际人才测评活动中绝大多数对象均为成年人。为此，美国心理学家韦克斯勒致力于解决这一问题，终于在20世纪中期完成了韦氏智力量表（Wechsler Intelligence Scale）的编制工作。该量表包含韦氏成人智力量表（WAIS）、韦氏儿童智力量表（WISC）、韦氏幼儿智力量表（WPPSI）三个相互独立的测验，覆盖了4～74岁的样本人群，是目前国际上最为通用和权威的智力测验量表。不少研究结果均支持韦氏全面智商之概念，量表的个别分测验亦可测试某些独特能力。以1981年版的WAIS修订版为例，共由11个分测验组成，分为言语和动作两个分量表，11个分测验包括常识测验、填图测验、数字广度测验、图片排列测验、词汇测验、迷津测验、算术测验、拼图测验、理解测验、数字符号测验和类同测验等。

我国于 1982 年正式引入韦氏量表，由湖南医科大学龚耀先教授等主持修订，更改了不适合中国文化背景的题目，对题目的排列顺序进行了适当调整，形成了 WAIS 的中国修订版（WAIS-RC），并建立了城市和农村两个常模，目前在国内广泛应用的正是这一版本。

2. 基本潜能测验

基本潜能也称一般能力倾向，是指个体所具有的潜在能力，据此可以预测其未来发展的可能性。基本潜能测验（有的也称一般能力倾向测验或能力性向测验）是心理测验中一个非常重要的领域，随着科学技术的发展和产业结构的要求越来越高，传统智力测验已不能满足这种需求。正是在这样的背景下，心理学家们开始研究开发基本潜能测验，其中最著名的包括：美国劳工部编制的一般能力倾向成套测验（General Aptitude Test Battery，简称 GATB）、伯纳特等人所编制的区分倾向测验（Differential Aptitude Tests，简称 DAT），以及军队职业能力倾向成套测验（Armed Services Vocational Aptitude Battery，简称 ASVAB）等，这些测验在北美和欧洲非常流行，在我国台湾地区亦有许多版本，受到企业及职业咨询指导机构的欢迎。主要原因在于，智力测验所测得的是一个比较笼统和抽象的智力，与职业成就的相关度不是太高，而基本潜能测验直接与工作要求相关联，其结果可以非常有效地预测个体取得职业成功的可能性。

根据西方文献，基本潜能测验所涉及的范畴主要有：词汇知识、言语运用、段落理解、拼写、算术推理、数字运算、数字推理、抽象推理、言语推理、机械推理、空间关系、文书速度与准确性、译码速度等。简单分析上述测评内容，我们就会发现此类测验具有很强的跨文化差异（特别是涉及语言方面的内容），仅仅依靠翻译和修订西方成熟量表很难保证实际的测评效果。为此，国内学者也开始探索编制适合中国人的基本潜能测验。其中比较有代表性的是北京人才评价与考试中心（BEC）1988 年参照美国教育与工业测验服务中心编制的职业能力安置量表（CAPS）开发而成的 BEC 职业能力测验（Ⅰ型），以及苏永华博士于 2000 年编制的一般能力倾向成套测验，以及在此基础上根据企业实际测评需要，改进和修订的职业经理人基本潜能测验。该测验共由 239 道选择题组成，要求被试在 105 分钟内完成，从而对语言能力、数字运算、逻辑推理、资料分析、机械推理、空间关系这六项基本潜能进行具有针对性的考察。目前此套测验已在国内企业组织中得到广泛应用，取得了良好的测评效果。

3. 工作能力测验

上面介绍的智能测验和基本潜能测验考察的都是测评对象的能力倾向（性向），只能较为间接地预测被试取得职业成功的可能性，并不能直接考察其实际具备的、与工作高度相关的能力。通览文献，我们发现国外的研究很少涉及这方面的内容，且由于工作能力往往是与社会文化及制度环境具有高度的依存关系，这种跨文化的巨大差异决定了对西方的测验量表无法直接引进修订后使用。为了解决这一问题，2001 年由苏永华博士带领的研究团队与中组部领导干部考试与测评中心合作开发了一套职业经理人核心能力测验，该测验重点考察了与个体工作绩效高度相关的沟通、合作、学习、创新、问题解决和信息处理这六项核心能力，共294道题，要求被试在130分钟内完成。经过几年的发展，该测验作为“职业经理人测评系统”的一部分已完全实现计算机网络化操作。目前，国内超过两百家大型企业以及部分跨国公司在中国的分支机构都在使用，为人力资源实践领域所广泛接受。

特殊能力倾向是相对于一般智力而言的，一些传统的特殊能力倾向，如机械和文书，现在都已并入某些多重能力倾向测验中。但特殊能力倾向测验还是很有必要的，原因有两个：一是多重能力倾向测验很少涉及视力、听力、运动技能及艺术才能等领域，因为它们的情况较特别，即使在多重能力倾向测验中包含特殊能力倾向，如机械、文书等，有时也需要与学业能力倾向测验、特殊能力倾向测验结合使用，因为特殊能力倾向测验有着广泛的常模和效度资料。二是特殊能力倾向测验具有很大的弹性，既可以结合使用，也可以单独使用。例如有感知觉和心理运动能力测验、机械能力测验、文书能力测验、艺术能力测验、专业能力倾向测验等等。

此外，某些职业对从业人员具有特定的工作能力要求，比如运动员、军人、艺术工作者等，需要通过特殊能力测验进行考察。常用的特殊能力测验包括文书能力测验、操作能力测验、机械能力测验、听觉测验、艺术能力测验、专业能力倾向测验等，广泛应用于艺术类、工业类、军事类的人事选拔与分类工作。而且，此类测评有时候还需要借助特定的仪器设备配合进行。

第四节
动机测验

一、价值观测评

价值观（values）是指个体对周围客观事物的意义、重要性的总体评价和看法，通过人们的行为取向及对事物的评价、态度反映出来，是驱使人们行为的内部动力，它对一个人的生活方式、职业选择和工作行为等方方面面都会产生决定性的影响。其中与个体的职业动机和行为相关的称为“职业价值观”（work values），具体指一个人对职业的认识和态度以及他对职业目标的追求和向往。虽然研究者对职业价值观的定义各有不同，但总的来说，我们可以从两个角度理解这一概念：一是对工作目的的表达，二是对工作态度的反映。

在人力资源管理实践中，越来越关注对员工职业价值观的测评，这一点在人事招聘选拔中显得尤为重要。这里面就涉及我们所说的“动力适配性”问题。具体而言，一方面，员工的价值观只有与组织的文化和价值导向相匹配，才能保证两者目标的一致性；

另一方面，员工对工作的看法和期许必须与岗位自身的特性相匹配，才能真正激发其工作的激情和动力。因此，对员工职业价值观的考察从某种程度上看比对其实际工作能力的考察更为重要，但很多企业在以往的人事测评活动中却往往忽视了对候选人价值观的评判，因而产生了很多失败的任用决策，更有甚者给企业带来了不可弥补的损失。当然，从员工的角度来说，了解自身的职业价值观是做好职业生涯管理的关键，特别对将要踏入职场的大学生而言，正确认识自身的职业价值观更是取得职业成功的第一步，具有非常重要的指导意义。

对职业价值观的关注兴起于20世纪70年代，从结构要素的内容来看，心理学家赫兹伯格将其分为内在价值观与外在价值观，后人又在此框架基础上，对职业价值观的维度结构进行了细化。目前，对于职业价值观的测评，国内外一般都采用自陈式的心理测验量表法，即根据一定的理论依据和维度划分结构，编制相应的测验量表，其中最早成型的是明尼苏达重要性问卷（Minnesota Importance Questionnaire，简称MIQ），该问卷由韦斯等人于1964年开发完成，认为价值观是一个结合体，包含成就感、活动、报酬、独立性、安全感、变异性、创造性、能力运用、责任、公司政策、工作环境、升迁、权威、赞赏、社会地位、社会服务、工作伙伴、道德价值、督导和技术面等20个维度，每个维度5道题，通过“极不重要”到“非常重要”五点量表进行测量。目前在职业选择领域中被广泛使用的是苏伯尔（1970）的职业价值观调查表（Work Values Inventory，简称WVI），它由3个大类共15个项目组成，同样采用五点量表计分，适用于七年级以上人员。此外，比较常用的还有职业价值观问卷（Work Values Questionnaire，简称WVQ）和职业价值观量表（Occupational Values Inventory，简称OVI）。

由于我国的职业价值观研究起步较晚，初期都是以引进和修订西方成熟量表为主，但随着研究的深入人们逐渐发现，仅仅依赖于国外某种工具或理论进行的研究，无法全面、真实地反映中国职业群体的价值观所具有的文化特色，换句话说，西方的成熟量表存在一定的跨文化的迁移性问题。为了解决上述问题，近十年来许多研究者针对不同目标群体编制了一系列具有中国特色的职业价值观量表，其中比较全面反映我国职业价值观结构整体特点的量表是辛增友编制的青年职业价值观问卷，它综合了家庭取向、工作保障取向、贡献集体主义取向、自我发展取向、尊重及声望取向和社会关系取向六种因素，经过大量实证研究的检验，具有不错的信度和效度。[①]

除量表法外，也可以用投射法或面谈法对个体的职业价值观进行考察，但这两种方法尚不成熟，大多用于研究工作中对自制或修订的量表进行验证，较少直接应用于人才测评实际领域。

二、职业兴趣测评

兴趣是最好的老师，是人类重要的心理特征之一，表现为个体对某种事物或从事某

① 参见辛增友：《青年职业价值观的横断与纵向研究》，重庆，西南大学硕士学位论文，2006。

种活动的心理偏好、选择性态度或积极的情绪反应。职业兴趣是指个体从事相关工作的愿望和兴趣，是组成职业动机的重要因素。大部分成功者都是那些既具备一定的能力，又对所从事的工作真正感兴趣的人。社会分工的不断细化是现代社会的突出特点，由此带来的不同类型职业之间的差异也越来越明显，对个体的吸引力和要求也迥然不同。与此同时，个体自身由于生理、心理、教育、社会经济地位、环境背景不同，所乐于选择的职业类型或所倾向于从事的活动类型和方式也各有不同。研究发现，兴趣是一种强大的精神力量，可以帮助个体明确自己的主观性向，从而能得到最适宜的活动情境并给予最大的能力投入。只有当个体的职业兴趣与其所从事的职业类型相匹配时，个体的潜在能力才可以得到最彻底的发挥，工作业绩也更加显著。因此，在人力资源管理实践中，无论是招聘选拔、人员安置、职业生涯管理或职业指导，都需要对个体的职业兴趣进行考察，从而判断其是否与组织所提供的岗位类型和职业环境相匹配。

对职业兴趣的早期研究可以追溯到20世纪20年代，E. K. 斯特朗于1927年编制了世界上最早的职业兴趣测验——斯特朗职业兴趣调查表（Strong Vocational Interest Inventory，简称SVII）。之后，G. F. 库德也于1936年发表了库德兴趣调查表（Kuder Preference Record）。但在这一研究领域真正具有标志性意义的是美国约翰·霍普金斯大学的心理学教授约翰·霍兰德于1959年提出的迄今为止最广为接受的职业兴趣理论，他认为人的人格类型、兴趣与职业密切相关，兴趣是人们活动的巨大动力，凡是具有职业兴趣的职业，都可以提高人们的积极性，促使人们积极地、愉快地从事该职业，且职业兴趣与人格之间存在很高的相关性。他于1959年提出了人与职业互相选择理论，首次根据劳动者的心理素质和择业倾向，将劳动者划分为六种基本类型：现实型（R）、研究型（I）、艺术型（A）、社会型（S）、企业型（E）和常规型（C）。每种类型的人格特点代表了不同的职业兴趣倾向，对应于不同的职业类型（见表2—3）。

表2—3　霍兰德职业兴趣类型

类型	特　征	适合的职业
现实型（R）	喜欢需要技能、体力的工作；喜欢在户外活动，喜欢使用和操作工具，宁愿与机械和工具打交道，也不愿意与人打交道；做事缜密、善于分析、注重细节，习惯于任务明确、工作压力不大的工作环境，倾向于专门化、标准化的工作，同时也乐于接受管理；可能在自我表达和向他人表达方面会遇到麻烦或感到困难	机械制造师、建筑师、渔业从业者、野外工作者、实验技师、工程安装人员、军事职业人员、计算机硬件开发人员、制图员、木匠、厨师、技工、修理工、农民等
研究型（I）	喜欢需要认知能力的工作，对科学研究和科学探索具有很高的热情，并表现出对工作的极大热情，但对周围的人并不感兴趣；习惯在创新的文化环境中工作，喜欢有挑战的工作，具有很强的探索精神，更喜欢逻辑分析与推理，不断探索未知的领域；喜欢面对疑问和不懈的挑战，不喜欢那些必须遵循许多固定程式的任务，喜欢从事那些需要创造力的工作	工程设计人员、生物学家、社会科学家、实验研究工作者、物理学家、气象学家、教师、工程师、电脑编程人员、医生、系统分析员等

续前表

类型	特　征	适合的职业
艺术型（A）	喜欢艺术创造、自我表现、情感抒发等工作；浓厚兴趣在于艺术性工作，喜欢具有许多自我表现机会的艺术环境，以各种艺术形式的创作来表现自己的才能，实现自己的价值；不喜欢从事粗重的体力劳动，对那些高度规范化和程式化的任务不感兴趣；喜欢单独一个人活动，有强烈的自我表现欲望，往往倾向于对自己过于自信；往往情绪变化大，敏感；他们独立性、自主性、自发性、非传统性都较强，好表现	画家、作家、作曲家、歌唱家、戏剧导演、艺术设计师、雕刻家、建筑设计师、摄影家、诗人、演员、音乐演奏家、乐队指挥等
社会型（S）	喜欢与人打交道，乐于从事为他人服务和教育他人的工作；关心社会问题，渴望发挥自己的社会作用，寻求广泛的人际关系，看重社会义务和社会道德；他们喜欢在注重人际导向的环境中工作，重视适应性、忠诚感和承诺；往往善于表达，善于与周围的人相处，喜欢处于集体的中心地位，喜欢通过与他人讨论或调整与他人的关系来解决存在的难题；不喜欢需要剧烈的身体运动的工作，不喜欢与机器打交道	学校校长、心理医生、教师、就业指导顾问、社会工作者、咨询人员、公关人员等
企业型（E）	喜欢影响他人的工作，比较善于辞令，尤其适合做推销工作和领导工作；适合在竞争性强的环境中工作，乐于接受挑战；通常精力充沛、热情洋溢、富有冒险精神、自信、支配欲强；喜欢担任有领导责任的社会工作，喜欢与人争辩，总是力求使别人接受自己的观点；缺乏从事精细工作的耐心，不喜欢长期从事智力劳动的工作；喜欢追求权力、地位和物质财富	企业家、项目经理、政府官员、销售人员、营销管理人员、电影电视节目制作人、政治家、社会活动家、法官、律师等
常规型（C）	喜欢在稳定的环境中工作，乐于维持现状而不太注重成长的变化；喜欢从事高度有序性的工作，包括言语方面和数量方面等规范性较强的工作；习惯受他人指挥和领导，自己不谋求领导职位，不喜欢那些模棱两可的指示，希望能精确地了解到底要求自己做什么；通常工作踏实、忠诚可靠、遵守纪律、自我控制能力强；既不喜欢从事笨重的体力劳动，也不喜欢在工作中与别人形成过于紧密的联系，对于明确规定的任务可以很好地完成；比较重视物质财富和地位	银行审计员、出纳员、会计、行政助理、秘书、办公室人员、记事员、投资分析员、图书管理员、计算机操作员、税务员、统计员、交通管理员等

在霍兰德的理论中，六种类型之间有着明晰的界限和对应关系，构成了著名的“正六边形模型”（见图2—3）。

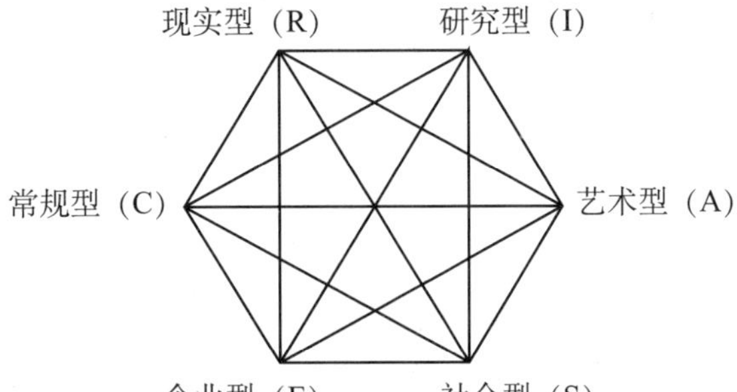

图2—3　霍兰德职业兴趣正六边形模型

从图 2—3 可以发现，六种职业兴趣类型之间存在三类位置关系。

(1) 相邻关系：如 RI、IA、AS、SE、EC、CR，属于这种关系的两种类型的个体之间共同点较多，例如现实型 (R)、研究型 (I) 的人都不太偏好人际交往，在这两种职业环境中也都较少有机会与人接触。

(2) 相隔关系：如 RA、RE、IC、IS、AE、SC，属于这种关系的两种类型个体之间共同点较相邻关系少。

(3) 相对关系：如 RS、IE、AC，属于相对关系的两种类型共同点少，也就是说，一个人同时对处于相对关系的两种职业环境都兴趣很浓的情况较为少见，这一点在人员选拔、配置或职业指导测评工作中具有非常现实的指导意义。以人员招聘为例，假设候选人 M 的职业兴趣表现为现实型 (R)，那他就不太适合从事需要大量人际沟通的社会性工作（对角 S，如人力资源专员），因为兴趣是激发人们工作热情的重要内驱力，个体长期从事自己不感兴趣的工作，会很容易产生职业倦怠，一方面对其自身带来很大的心理压力，另一方面也会对个体绩效产生不利的影响。

霍兰德基于上述理论结合大量的职业咨询经验，先后编制了职业偏好量表（Vocational Preference Inventory，简称 VPI）和自我职业选择量表（Self-directed Search，简称 SDS），作为职业兴趣的测评工具，并力求为每种职业兴趣找出两种相匹配的职业能力。为此，霍兰德将其职业人格类型理论运用于美国劳工部制定的职业条目词典，借助其中职业分析的有关内容，将词典中的 12 099 种职业都赋予了霍兰德人格类型代码，于 1982 年编纂完成了霍兰德职业代码词典（The Dictionary of Holland Occupational Codes，简称 DHOC），为各类人员按照自己的职业兴趣类型搜寻合适的职业提供了广泛的应用前景。

国内在职业兴趣测评领域的研究主要集中于对霍氏理论及量表的引进和修订工作上。1993 年，时勘在《升学与择业：心理咨询读本》中全面介绍了 SDS 及其使用方法，霍兰德职业兴趣理论及测评工具量表被正式引入我国；随后，龙立荣、彭平根等对霍兰德 1985 年版的 SDS 进行了适应性修订工作，作为中学生职业指导的选用工具；1996 年，白利刚等以霍兰德职业兴趣理论为依据，结合我国国情和职业分类体系特点，编制了霍氏中国职业兴趣量表，使其在国内人才测评实践领域得到了广泛应用。

第五节 人才测评中心理测验的组织实施

如前文中提到的那样，对于心理测验来说，标准化是实现其客观性的基础，而后者是心理测验最引以为傲的特质之一。具体而言，一套好的题目未必就是一个好的测验。对于测验的基本要求是准确、可靠。一切测量要想得到准确、可靠的结果，都必须有标准化过程。所谓标准化，是指为了减少误差而对无关因素进行控制的过程。具体而言，心理测验的编制与实施环节都对标准化有极高要求。

一、心理测验的编制与选择

在人才测评中，心理测验的使用开始于对心理测验的选择，对测验的审慎挑选是进行心理测验的首要环节。人才测评领域的心理测验来源一般而言有三种：一是直接选已有的优秀测验；二是修改相关测验中的题目；三是自己编写。但无论是哪种方式，所采用的心理测验必须达到一定的质量要求，否则，其结果便是不可靠的。

1. 心理测验题目的质量要求

（1）题目内容具有代表性。

心理测验的原理是通过抽取个体特征中具有代表性的部分进行测量，并由此进行推论，而其推论的可靠性则有赖于抽取特征对整体特征的代表性。也就是说，一个好的心理测验，其所选取的题目内容一定要具有良好的代表性。

（2）题目难度。

在题目的难度方面，特别是有关能力的心理测验，主要需要避免两种效应，即“天花板效应”和“地板效应”。前者是指由于测验题目过于容易而致使大部分个体得分普遍较高的现象，后者是指由于测验题目过难致使大部分个体得分普遍较低的现象。为了避免这两种效应，应该力求使题目难度适合于参加测试的人员的水平。

（3）信度。

信度是关于测验的一个专业术语，指测验结果的可靠性和稳定性。具体而言，一个信度较高的测验，任何符合资格的主试对同一被测者施测时，所得到的结果应是大体接近的；或者，同一被测者在不同场景、不同时间所测量到的结果其差异也应该是控制在一定范围内的，否则便被视为信度过低。这意味着这个测验并没有反映出被测者真实稳定的特征，此测验不可使用。

（4）效度。

效度与信度一样，也是心理测验质量的一个重要指标。顾名思义，效度是指测量的有效性，即心理测验是否能测量出想要考察的内容，如一个有关焦虑水平的心理测验，得分高的被测者实际的焦虑水平也应是较高的。

严格而科学地编制程序是心理测验质量的必要保证，人才测评中经常采用的经典心理测验无一不是在这样的基础之上建立起来的，而也只有这样才能使心理测验经得住时间的考验。以下将介绍心理测验的编制程序。

2. 心理测验的编制程序

（1）明确测验目的。

心理测验包含多种要素，被测者与测量目标是其中最为基础的。明确测验目的是编制心理测验的首要步骤，具体包括明确被测者与明确测量目标两个方面。

确定被测者具有很大的意义。如之前在心理测验题目的质量要求中提到的那样，要避免能力类测验出现“天花板效应”或是“地板效应”，最主要的是要考虑测验题目与被测者的匹配度。除了难度上的匹配度之外，个性特征等心理测验还需要考虑题目种类与被测者的匹配度。例如，在人才测评所采取的心理测验中，一般会将应届毕业生与已有一定工作经验的应聘者加以区别。

表 2—4 显示的是某公司针对社会招聘、校园招聘及中高层管理人员选拔的不同特点建构的评估模型的类型。

表 2—4　　不同评估模型样例

类别	内容说明
社会招聘	针对性评估模型： 运营类 专业技术类 职能管理类
校园招聘	每个岗位评估模型： 销售岗位、技术研发岗位、财务、人力资源、行政、通用…… 通用类评估模型： 体现公司对应届毕业生的基本要求
中高层管理人员选拔（用于外部招聘和内部管理人员评估）	中高层管理等岗位的评估模型

明确测量目标实际上也就是明确所编制的测验用来测量哪种心理要素，行为、情绪或是能力等等。而在实际编制过程中，还需要将测量目标进一步细化，例如，要测量人的焦虑水平，需要按照焦虑的定义分为认知、情绪、行为等层面。而这就是所谓的测量指标，要确定测量指标，首先要查阅相关参考理论和文献，以经典的定义、理论等来了解测量要素的不同层面，同时要明确已有的量表或文献中已经选择了哪些指标。其次，还可以选择目标人群进行直接研究，观测其与一般人群的区别。而确定了测量指标之后，就可以开始具体题目的编写了。

表 2—5 显示的是某咨询公司进行某心理测验项目时评估模型的建构，也就是测量指标确定的过程。

表 2—5　　评估模型建构样例

项目阶段	工作步骤	任务及内容	过程性文档
评估模型建构	素质需求访谈	→通过内部管理层访谈获取目标岗位要求信息	● 访谈提纲 ● 访谈记录
	访谈信息整理与分析	→将访谈的信息进行整合分析，初步确定素质指标	● 初步圈定的核心基础素质指标列表
	测评指标修订与确认	评估模型修订与完善： →组织研讨会，根据研讨结果指导模型的修订与完善，形成模型（指标确定、权重确定）	● 目标岗位模型（终版）

表 2—6 显示了某咨询公司为某客户建立的心理测验评估模型。

表 2—6　　心理测验评估模型样例

	评估模型	二级指标
职业经理人测评	分析思维	原因分析、逻辑推理、结果预测、思维策略
	心理调节	自主性、情绪性
	外向支配	自信心、进取性、支配性、内/外向
	人际沟通	沟通意识、积极倾听、及时反馈、人际洞察
	开拓创新	主动性、创新性
	团队合作	合群性、灵活应对、宽容性
	责任意识	细致性、自律性、坚忍性、内部/外部控制、成就性
	团队角色	执行者、统领者、指导者、智多星、外交家、评审员、支持者、实干家
	职业性格	现实型、探索型、艺术型、社会型、经营型、事务型
	职业价值观	成就导向、独立创新、获得承认、人际关系、寻求支持、工作条件

（2）编制测验题目。

在有了具体的测量指标之后，下一步要进行的就是测验题目的编制。前文中提到了测验题目质量的要求，为了达到这些质量要求，要做到以下几点：首先要搜集丰富、多样的资料；其次，在测验形式上，除了要做到使被测者容易理解，方式简单，还要使测验项目呈现的形式与被测者的年龄、测量的目的、测验项目的性质等因素相匹配；而在题目最初的雏形出炉之后，测验编制人员需要对题目进行反复修改，包括修正可能出现歧义或意思不明确的词语、增删题目等。

（3）预测与题目确定。

在测验初稿出来之后，还需要进行预测，对测验的一些标准进行考察，为进一步筛选题目提供依据。在预测中一般要做项目分析、信度分析与效度分析。一般而言，要进行两次预测。

（4）心理测验常模的制定。

在题目确定之后，测验编制者还需要按照统计学的原理，把某一标准化的测验分数转化为具有一定参照点、等值单位的导出分数，即所谓的测量量表。将标准化样本的测验分数与相应的某一个或几个测验量表分数一起用表格的形式呈现出来，就是该测验的常模表。

（5）编写测验说明书。

最后，还要编写一份说明书，就下列问题做出详细而明确的说明，内容主要包括：本测验的目的和功能；编制测验的理论背景和选择题目的依据；测验的实施方法、时限及注意事项；测验的标准答案和评分方法；常模资料，包括常模表、常模适用的团体及对分数如何做解释；测验的信度、效度资料，包括信度系数、效度系数等。

二、心理测验的实施

测验的实施是保证测验有效性的重要环节。其中的关键是如何使测验标准化和尽量控制测量误差。

1. 测试前准备

主试在测试前要熟悉测验的结构和内容及其使用方法，在测验前要把测验材料准备好，必要时练习测试流程。

2. 标准化指导语

测验标准化的第一步是指导语标准化，即在测验实施过程中应该使用统一的指导语。指导语应该力求清晰、明确和易懂，一般包括时间限制与应答形式，有时会为被测者出示例题与测试目的。在说完指导语后，还应询问被测者是否有问题，此时主试的回答要依据测验说明书，不可任意增加其他说法。另外，除了给被测者的指导语外，主试还需要掌握一些其他注意事项，例如对被测者可能提出的问题的回答方式、对测验中发生的意外事件如何处理等。

3. 标准时限

心理测验时限的确定最重要的考虑因素是测量目标的要求，严格来说，要通过预测来确定测验的时限，但是许多情况下它受施测条件等外界因素的影响。值得注意的是，在有些类型的测验中，时间限制并不是严格的，如许多个性测验。但在大部分能力测验中，速度是需要考虑的重要因素之一。

4. 测验的客观环境

测验的环境也会影响测验结果。因此，对于测验的环境条件，必须完全遵从测验说明书的要求，这也是心理测验标准化的一部分。一般而言，测量地点应该安静、宽敞，光线充足，通风良好。

5. 人机对话形式的心理测验

人机对话形式的心理测验，能准确、严格地遵守计划和时间安排，能控制刺激和对反应的判断，能按照被测者的表现选择题目，能迅速而准确地计分，能清楚记录多种互不相同的各种形式的测验成绩，能够由主试事先严格确定每部分甚至每道题目的答题时限。总之，对于某些大范围的心理测验来说，人机对话形式的心理测验能够使施测者更加便利地对测试过程做到标准化（如表 2—7 所示）。

而要做到人机对话形式，需要事先进行测评系统 E 化，也就是说，将编制好的测验电子化（如表 2—7 所示）。

表 2—7　　E 化测评系统

项目阶段	工作步骤	任务及内容	过程性文档
E 化系统构建	E 化测评系统	→将测评量表植入网络平台，构成招聘时对候选人实施在线测评的系统 →收集对系统试测的修改意见，对网络平台进行适应性修正	目标岗位招聘测评系统

三、心理测验的评价与评分

心理测验的评价与评分应遵循以下原则：

第一，评分标准化原则。只有当评分客观的时候，才能将分数的差异归于被测者本身的差异，而客观性的外在表现是，对于同一个被测者，任何有资格的评分者都可以得到较为一致的评定分数。一般而言，客观题类型的测验，其分数的客观性是比较容易保证的。而主观题往往会受更多因素的影响，要做到完全一致或者说客观地评分是较困难的，但不同评分者之间的一致性应该达到80%以上，才能在某种程度上说明此次测验的评分是标准化的。

第二，测试结果解释标准化。当主试拿到一个测试结果时，对测验分数的解释也必须有统一的标准，也就是常模。常模是解释测验结果的参照指标。同时，对测验结果的解释和报告还必须参考其他各项资料。值得注意的是，在涉及个性倾向等方面的测验中，常常存在掩饰性问题。这一般是由所谓的“社会称许性”引起的，即题目本身的答案反映了一般社会价值倾向，应答者很容易投其所好，按照对题目的社会价值判断而不是自己的实际情况做出回答的倾向。一般而言，在倾向性测试中，都会有一些鉴别类题目测查被测者的掩饰性，当掩饰性达到一定程度时，对测试结果要慎重考虑。

在人机对话类型的心理测验中，评分与报告往往是自动产生的。表2—8、图2—4至图2—6显示了某咨询公司人机对话心理测验的相关资料。

表2—8　　心理测验得分样表

姓名	总分	掩饰性	成就导向	人际沟通	压力承受	个性匹配	分析思维	工作经历	成就动机
被测者1	4.41	正常	4	5	4	5	4	5	4
被测者2	4.63	正常	4	4	5	7	4	4	3
被测者3	5.57	正常	5	6	7	5	6	5	4
被测者4	5.19	正常	6	3	7	7	5	4	7
被测者5	5.89	正常	5	6	6	8	6	4	5
被测者6	5.33	正常	5	4	7	6	6	4	3
被测者7	5.09	正常	5	5	5	5	6	3	5
被测者8	5.18	正常	6	5	4	5	6	4	4
被测者9	5.56	正常	5	5	7	6	7	4	5
被测者10	6.15	正常	8	7	6	5	5	5	8
被测者11	6.7	正常	7	7	8	9	5	4	7
被测者12	6.07	正常	7	6	8	5	7	4	7

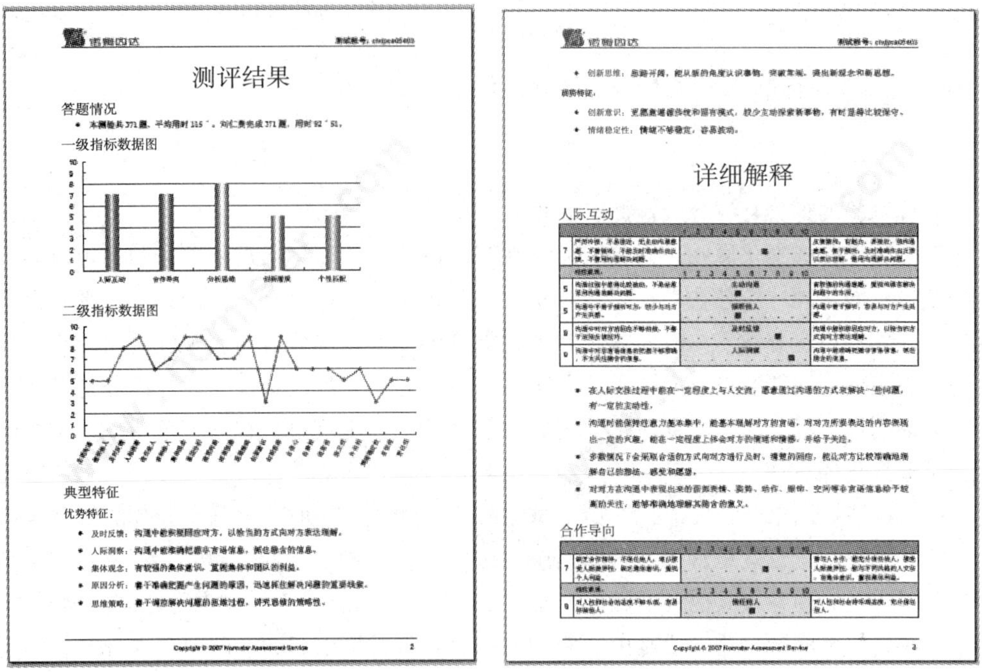

图 2—4　心理测验报告样例

测评结果

答题情况

◆　本测验共582题，平均用时100分20秒。×××完成570题，用时122分14秒。

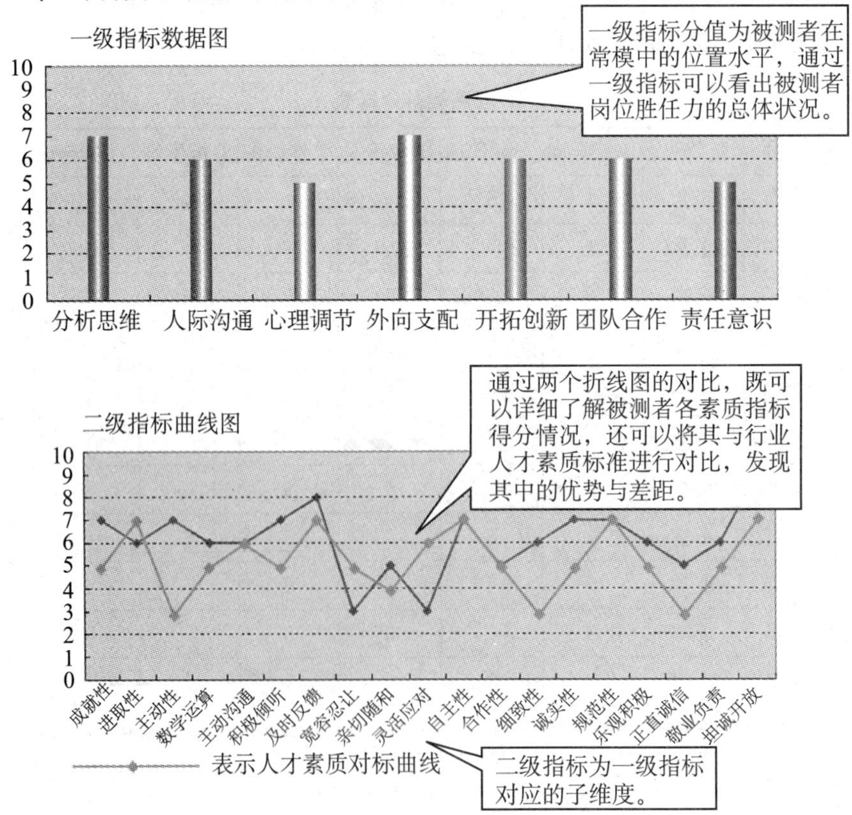

图 2—5　被测者素质得分详细展示

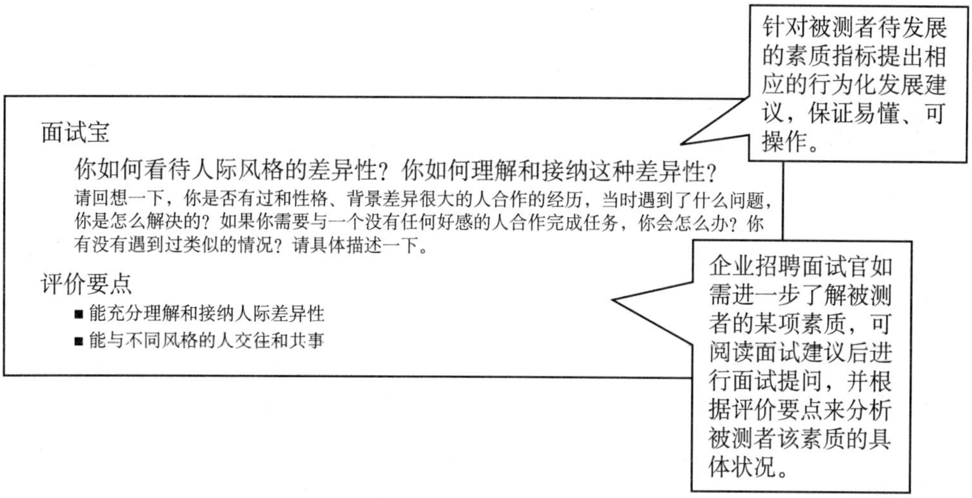

图 2—6　为被测者提供有针对性的发展建议和面试建议

【思考题】

1. 什么是心理测验？心理测验有哪些特点？
2. 心理测验在人才测评中主要测评哪些内容？
3. 在人才测评中选择心理测验时应考虑哪些因素？
4. 常模的含义是什么？常模不同对测评结果有何影响？

第三章 笔试

【关键词】

纸笔测试　专业能力测试　综合能力测试

第一节 笔试方法简介

笔试（纸笔测试）是以企业员工为参照标准，通过严格的书面材料的问答来考察应征者的综合素质、特征和能力的一种人才测评工具。笔试试卷在员工招聘中发挥着相当大的作用，尤其是在大规模的员工招聘活动中，它可以迅速地甄别应试者的综合素质，从而判断应试者是否符合岗位基本要求。

笔试在使用上既有优点，也有缺点。优点是它操作简便易行，可以大规模施测，并可以对多个方面的内容同时施测，而且经过精心编制的笔试试题具有较高的效度；缺点是对于候选人的一些软性指标，如人际沟通、团队管理、执行力等方面不能进行测量，需要与评价中心技术结合使用。所以，通常而言，笔试经常被用在测评初期的人员筛选上，尤其是在候选人规模大的情况下，通过第一轮的笔试，将明显不符合要求的候选人筛除，留下基本素质潜能较好的候选人，减少了后期操作的工作量，并使测评更具有针对性。

第二节 笔试考察内容和形式

在笔试部分，可以对候选人进行多方面的考察，主要包括以下几个方面：

第一，基本的能力及个性特质，包括智商、情商、个性、价值观、态度、动机等；

第二，对公司相关情况的理解认识，如行业、政策、战略、文化等方面的理解；

第三，与岗位相关的知识、技能，如英文水平、公文写作能力、专业知识、管理知识技能等。

对上述内容进行笔试时，可以采取多种形式，通常可以分为客观题、主观题。其中主观题里面又可以有简答题、论述题、案例题、写作题。客观题方便阅卷，但不能全面有效测评候选人的素质潜能；主观题可以深入地了解候选人的知识、能力，但在阅卷时存在标准的统一、尺度的把握等方面的问题。通常一张笔试试卷可以将客观题和主观题结合起来使用。

以下是几种内容和形式的题目样例。

（1）智商类：内容包含语言能力、逻辑判断、数字运算、资料分析（如图 3—1 至图 3—4 所示）。

语言能力

选词填空

1. 那些(　　)的诗句深深地打动了我的心。

A. 美丽　　B. 奇妙　　C. 美妙　　D. 好

词语辨析

1. 下列画线成语中使用恰当的一项是(　　)

A. 中国改革开放以来取得的巨大成就，特别是连续十几年经济持续高速增长的表现，让各国经济界人士都叹为观止。

B. 美国黑人电影明星福克斯和弗里曼在第 77 届奥斯卡奖角逐中当仁不让，分别夺得最佳男主角奖和最佳男配角奖。

C. 年轻的城市，更需要青春和活力，更需要丰富的想象力和摧枯拉朽的创造力，更需要不断超越的勇气。

D. 对于孩子的毛病，他总是不以为然，觉得这些毛病无关紧要，不必大惊小怪。

图 3—1　语言能力题样例

逻辑判断

类比推理

22. 餐椅：坐(　　)

A. 孔子：圣人　　B. 胶水：粘贴　　C. 社会：平均　　D. 兴奋：脸红

23. 努力：成功(　　)

A. 生根：开花　　B. 耕耘：收获　　C. 城市：乡村　　D. 原告：被告

图形推理

36. (　　)

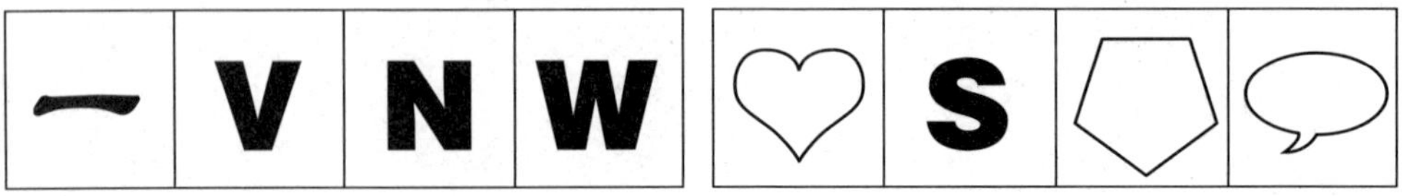

A　　B　　C　　D

图 3—2　逻辑判断题样例

数字运算

49. 3×999＋8×99＋4×9＋8＋7 的值是(　　)

A. 3 840　　B. 3 855　　C. 3 866　　D. 3877

50. $-2^{2004}+-2^{2005}=$(　　)

A. 22 004　　B. －22 005　　C. －22 004　　D. 22 005

59. 在一本 300 页的书中，数字“1”在页码中共出现了多少次？(　　)

A. 120　　B. 140　　C. 160　　D. 180

60. 蓄水池每分钟流入的水量都相同，如打开 5 个水龙头，2.5 个小时能把水放尽，如打开 8 个水龙头，1.5 个小时能把水放尽，现在打开 13 个水龙头，________个小时能把水放尽。

A. 0.7　　B. 0.8　　C. 0.9　　D. 1.2

图 3—3　数字运算题样例

根据下图回答问题。

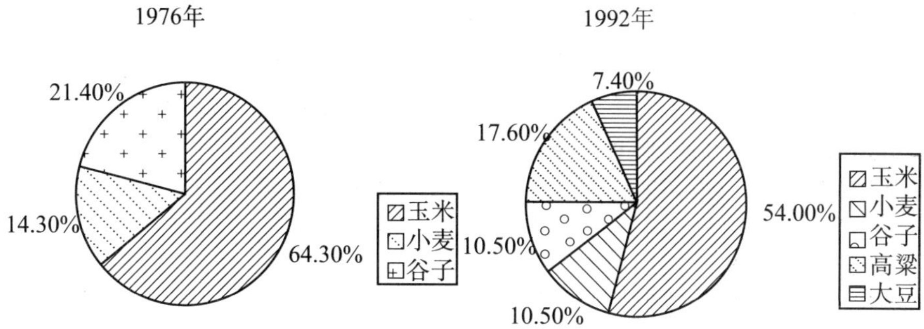

67. 该地粮食作物中始终占主导地位的是(　　)

A. 玉米　　B. 谷子　　C. 小麦　　D. 大豆

68. 与 1976 年相比，该地 1992 年小麦构成比重下降多少？(　　)

A. 5.2%　　B. 4.8%　　C. 3.8%　　2.7%

图 3—4　资料分析题样例

(2) 个性类：个性特点、情商、价值观等（如图 3—5、图 3—6 所示）。

个性特点

125. 闲暇时间，我喜欢外出放松一下。

A. 非常不同意　　B. 比较不同意　　C. 难以确定　　D. 比较同意　　E. 非常同意

126. 和别人谈话，我不轻易否定对方。

A. 非常不同意　　B. 比较不同意　　C. 难以确定　　D. 比较同意　　E. 非常同意

127. 对我来说阅读理论书籍是件枯燥乏味的事。

A. 非常不同意　　B. 比较不同意　　C. 难以确定　　D. 比较同意　　E. 非常同意

203. 你在办公室里，为了赶一件工作而忙得晕头转向，此时电话铃却急促地响个不停，你赶忙抓起电话就接，对方抱怨你接晚了，可他又打错了单位，这时你：

A. 对对方的埋怨表示可以接受，然后告诉对方“您打错了”。

B. 说一声“这是火葬场”，咔嚓挂掉电话。

C. 告诉对方要找的单位，可你不是这单位的人。

D. 说：我是某某单位，请另拨号吧。

图 3—5　个性类题目样例之一

情商

245. 下面哪一种情绪，最容易同图中人物的表情联系起来？

A. 恼怒　　B. 焦虑　　C. 怀疑

价值观

200. 我认为人人都应当自食其力，而不要指望别人的帮助。

A. 非常不同意　B. 比较不同意　C. 难以确定　D. 比较同意　E. 非常同意

201. 我认为对人保持公平公正比对人慈悲更重要。

A. 非常不同意　B. 比较不同意　C. 难以确定　D. 比较同意　E. 非常同意

202. 我认为多数人能取得成功靠的是门路而不是自己的真本事。

A. 非常不同意　B. 比较不同意　C. 难以确定　D. 比较同意　E. 非常同意

图 3—6　个性类题目样例之二

（3）与公司相关类（如图 3—7 所示）。

国家政策相关：

目前全球经济出现衰退，中国政府也随之出台了一系列相应的政策措施，请结合您的了解和认识分析这些新变化会给水工工程承包企业带来哪些影响，并试阐述××工程建设总局在这种新的趋势下，应该如何应对。

行业信息相关：

请结合国内水工工程承包市场的发展趋势，分析我国水工工程承包企业的竞争环境、竞争态势、主要竞争者的特点和优劣势。

公司战略相关：

2010 年××公司全业务经营进入了攻坚阶段，请结合社会经济环境、信息技术应用发展、全业务运营能力等企业内外部形势，阐述××公司全业务经营攻坚战的有利条件和不利因素，并结合所报部门的情况，谈谈如何有效地支持全业务经营的顺利推进。

公司文化相关：

××公司在发展的过程中形成了丰富而独特的企业文化，您认为××公司的哪些文化特征对做好营销工作具有重要的意义？请简要分析。

岗位职责相关：

假设您是××工程建设总局主管经营的副局长，请结合您对××工程建设总局的了解，简要阐述您在营销体系建设方面的思路和步骤。

图 3—7　与公司相关类题目样例

（4）知识技能类：专业知识、英语测试、公文写作、管理知识技能（如图 3—8 至图 3—11 所示）。

专业知识

审计岗位：

简答题

1. 简述内部审计在风险管理和内部控制中的作用。

2. 对某煤炭生产企业内部控制进行初次调查，针对存货项目，请简要描述内部控制调查问卷的主要内容。

案例题

××股份有限公司是世界领先的以煤炭为基础的一体化能源公司，主营业务是煤炭生产与销售，煤炭相关物资的铁路、港口运输，电力生产和销售等。附表是××股份有限公司 2008 年和 2009 年主要财务报表（略），2009 年度由审计主管 A 负责该股份公司的年度内部审计，并出具无保留审计意见。假如 2010 年度报表内部审计由您来负责实施，这是您第一次参与该股份公司的审计工作，请根据财务报表结合实际工作经验回答以下问题：

1. 分析可能的审计风险关键点并制订总体审计计划。

2. 若计划对营业收入进行详细审计，请说明具体审计程序和对相关审计工作底稿的要求。

图 3—8　专业知识题样例

英语测试

Part 1　Essay Writing

Suppose×× Group will participate in an International Mining Contest sponsored by the Russian Siberian Coal Company, and many international well-known coal enterprises will participate in the competition. The Chairman of ×× Group is invited to deliver a keynote speech as the special guest during the event. You are asked to draft a speech with no less than 1200 words for the chairman, following the outline below:

1. express thanks

2. the importance of international cooperation among world coal enterprises

3. the prospects of the cooperation between China and Russia in coal industry

4. the significance of the event

Part 2　Translation (Chinese to English)

张玉卓把煤制油项目比喻成一个“苗子不错”的孩子，“现在有很多叔叔阿姨说他不行，说他高消费，养不起”，但未来这个孩子完全可以成为栋梁之材……

图 3—9　英语测试题样例

公文写作

针对两会在能源领域提出的重要提案，国家发改委近期将组织一次能源发展座谈会，××集团分管副总作为××集团的代表之一，被邀请在座谈会上发言，下面请根据您对此的认识和理解，为他拟一篇 800～1 000 字的发言稿。发言稿要注意以下两点：

1. 要具有一定的针对性和落脚点，避免虚空。

2. 要体现出您的思考和认识。

图 3—10　公文写作题样例

管理知识类

11. 以下哪几种情况下，冲突相对容易产生？
(1) 群体规模大、专业化程度高
(2) 群体成员平均任职时间较长
(3) 负责活动的责任人定位不清
(4) 组织内群体目标分歧不大
(5) 严密监控式的领导风格
A. (1) (2) (3)　　B. (2) (4) (5)　　C. (1) (3) (5)　　D. (2) (3) (5)

12. 在现实中我们经常能够看到这样一种现象：一所高校的校长往往是在某学科造诣很高的学术专家，一所医院的院长则是医术高深的医学专家。但是，有些学术专家乃至医学专家却未能成为称职的管理者。针对上述现象，对管理者应具备的技能，您的看法是：
A. 就管理层次而言，越往上，技术技能越重要，越往下，人际技能越重要
B. 搞技术的人往往不善于和人打交道，人际技能较弱，难以胜任担当管理之职
C. 对高层管理者来说，最重要的是人际技能，其他技术技能和综观全局技能均不重要
D. 就管理层次而言，越往上，综观全局技能越重要，越往下，技术技能越重要

管理技能类

5. 假设您是某家电公司的销售管理干部，公司把您派到某大区负责网点建设，目的是迅速扩大本区的销售量，并建设好本区的销售网点。为了在近期取得较好成效，您会如何开展工作？
A. 针对当地网点比较散的局面，撤销一些销售弱的点，集中建设几个点
B. 在现有网点基础上，重点把没做好的地方先做起来
C. 重点是放到对区域经理的管理，做好思路的沟通
D. 从薄弱环节入手，先做出成绩，然后再进行整体协调

6. 某技术部副经理与周围的部分同事关系处理不好，但技术能力很强，公司的项目开发也正需要技术人才。如果您是该公司的总工程师，会如何处理？
A. 明确项目开发责任制，让他负责项目，待遇与项目挂钩
B. 要求该经理发挥下属的积极性，让下属参与决策工作
C. 强调项目开发对公司生存的意义，要求周围的同事与该经理合作
D. 技术人才是企业成长的关键，调整周围的同事

图 3—11　管理知识技能题样例

第三节 笔试组织实施

笔试的实施可分为三个阶段：测评实施准备、测评实施、评分与评价（如图 3—12 所示）。

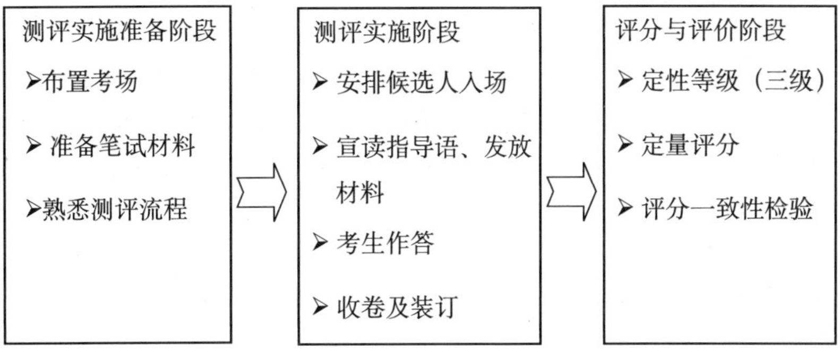

图 3—12　笔试实施的三个阶段

一、测评实施准备阶段

在实施笔试之前，要准备好笔试试卷，主考官和现场工作人员要事先熟悉笔试题目及考场规则。

在实施的前一天，要布置好考场，为被测者准备好草稿纸等答题工具。考场需安排在安静、整洁、宽敞，以及采光充足的环境中。如果在夏天进行测评，请将室温控制好，不要过冷或过热。如果测试的时间较长，可以为被测者准备好矿泉水。

测试前准备主要分为物料的准备和人员配备，其中物料的准备主要有几个方面，如图 3—13 至图 3—17 所示。

试题	笔试试卷打印及配套材料分装、密封；答题纸、草稿纸及其他配备的纸质材料
考场	考场的容量；设备、卫生情况；考生须知的张贴，考生位置的安排，桌牌、纸笔、水等的摆放
考生	考生名单的确认；笔试通知的发放；考生编号、准考证的制作
监考官	监考须知；监考指导语；考场记录表

图 3—13　测评实施准备阶段的物料准备

尊敬的　　　　先生（女士）：

您好！

感谢您应聘××集团副××职位，您已通过了我们的资格审核，现正式通知您于××××年××月××日（星期×）上午8：00来我公司参加笔试，考试具体事项请参见准考证及考生须知。

公交路线：32、33、64、68、308、337、370、373、436、451、609、620、624、728、809、运通120（××路口下车）。

预祝您在笔试中取得好的成绩！

如有疑问，请您拨打电话010-×××××××××与我们的工作人员联系。

××集团人力资源部

××××年××月××日

图3—14　笔试通知样例

考　生　须　知

请凭准考证、有效身份证件（身份证或护照）到签到处签到，并配合工作人员核对考生身份。

考生签到后，请先在休息室备考，8:45方可根据工作人员指示统一进入考场。

考生进入考场后请凭准考证对号入座，考试期间请关闭移动电话等有通信功能的电子设备，并将与考试无关的随身携带物品放入桌上的物品存放袋内，交给工作人员统一寄放在考场内的物品存放处，待考试结束后凭准考证领取。

…………

图3—15　考生须知样例

1. 考试时间共计150分钟。9:00考生开始答题，11:30开始收卷。其他时间参考《监考工作流程及注意事项》。

2. 8:30领取考题、答题纸。注意核对各文件袋上的考场编号与您所在的考场号是否一致、试题袋是否密封完好。核对完毕之后，在工作人员处签字。

3. 8:35到达考场后，将试题等文件袋保管好，注意不要拆封。检查考场布置，当发现问题时，及时与工作人员沟通。

…………

图3—16　监考人员须知样例

大家好！

欢迎你们参加2010年××选拔活动，本次进行的是笔试环节。

今天的笔试时间从9:00开始，到11:30结束，共150分钟，在笔试正式开始之前，我给大家宣读一下考试规则：

1. 本次考试凭准考证对号入座，请检查座位是否正确。

2. 请将有关证件（身份证、准考证）摆放在靠外的桌角处，考试过程中监考官会逐一核实证件。

…………

图3—17　监考指导语样例

二、测评实施阶段

实施笔试的时间可以根据笔试题目的难易程度进行调整。

测评实施开始后，首先由工作人员引导被测者入场，并安排好座位。安排座位时要注意使被测者之间保持一定的距离，避免相互讨论。

接下来，由主考官宣读指导语，指导作答。主考官要做到声音洪亮，语言简洁，表达清晰，确保每一位被测者听清楚。

然后，请工作人员发放题本、答题纸和草稿纸。可以选择将材料交给第一位考生，依次向后传递，也可以由工作人员亲自发放材料。发放时请注意动作轻缓、干脆，有礼貌，并保证材料放到桌面后保持整齐。

被测者开始答题时，主考官和工作人员巡视考场，查看被测者是否填好姓名、应聘职位、被测者编号等基本信息，并随时解答被测者的问题。当被测者就题目本身的问题进行提问时，告诉被测者可根据自己的理解答题。

测评结束后，主考官组织工作人员收齐所有材料，安排被测者离开考场。

考生的测评流程和监考人员监考流程如图 3—18、图 3—19 所示。

	时间	流程	注意事项
纸笔测验	8:40	考生签到、入座	携带身份证、准考证签到，并将手机、计算器等与考试无关的物品放于专门的物品存放处，根据编号找到座位
	8:50	考前说明	
	8:55	发放笔试试卷	注意将姓名、考号等信息填写完整，并认真阅读《考生注意》
	9:00	开始答题	主考官宣布笔试开始
	9:00—11:30	答题并注意时间	
		答题结束	考生答题结束后向监考官示意，监考官检查其是否完成试卷及答题纸上信息是否填写完整，并提醒考生带好随身物品
		笔试结束	等考官将所有试卷回收并清点数量完毕之后，方可离场

图 3—18　考生测评流程表样例

时间	流程	具体内容	注意事项
8:00	考前培训	● 明确监考任务 ● 领取考官工作袋	
8:30	领取试卷等考试材料	● 签名领取试卷	
8:35	考官进入考场	● 再次检查考场布置 ● 摆放各类材料	
8:40	考生签到、入座	● 组织考生签到 ● 引导考生入座	要求考生将手机关闭并放到手机袋中，与其他物品放至物品存放处；引导考生入座，并指导证件的摆放
8:50	读考官指导语		宣读要吐字清楚，语速放慢，语气自然
8:55	发放笔试试卷		展示密封完好后开启试卷；监考官提醒考生阅读试卷上的《考生注意》
9:00	开始答题		主考官宣布笔试开始
9:00—11:30	巡回监考并核对证件	● 巡回监考 ● 核对证件	提醒考生一定要将答案答在答题纸上；在考生答题过程中，审查考生证件
	答疑并提醒时间	● 答疑 ● 提醒时间	仅回答与考试规则有关的问题，与考试内容有关问题则回答“请根据自己的理解作答”；每半小时提醒一次时间
	答题结束	● 回收试卷、答题纸、草稿纸 ● 核对数目	考生答题结束后向监考官示意，监考官检查其是否完成试卷及答题纸上信息是否填写完整，并提醒考生带好随身物品
	回交试题	● 回交试卷、答题纸、草稿纸 ● 签字	将试卷、答题纸、草稿纸交予工作人员，核对数目后签字

图 3—19　监考工作流程及注意事项表样例

三、评分与评价阶段

笔试题目大体可分为两类。第一类是客观题，对于这样的题型，需要事先拟定标准，规定每道题的答案。第二类是主观题，如果是知识性的题目，也需要事先拟定好标准答案，并根据考生所答对的要点来给分；而对于一些能力方面的试题，需要事先列出该题目所测的能力，并对每一项能力制定评分标准，可以是优、良、中、差，也可以在答题的结果中对每一项指标设定一个标杆。

在笔试评分中应该注意以下几点：一是所有评分者的素质和业务能力处于同一量级，水平无显著差异；二是评分过程规范化，所有评分者的行为必须在规范化的环境中按照统一的规程来进行。由上述因素决定，控制笔试主观性试题评分误差必须抓好两方面的工作：一方面要控制评分者的素质和能力，另一方面要实行评分过程的科学控制。

四、笔试人员配备

笔试中配备的人员主要包括主考官、监考官和工作人员。其中，主考官引导、控制整个笔试的过程；监考官和工作人员主要负责测评现场的组织工作，一切听从主考官的安排。

1. 主考官

主考官在笔试中承担实施程序控制者的角色，负责组织、引导测评实施。主考官的工作内容是严格遵守指导语的操作规范，通过指导语去引导和控制测评的进程。主考官不可随意更改操作程序和指导语的内容。

笔试实施前，主考官应指导和督促工作人员做好相关的准备工作：按照要求布置考场，准备测评题本和评分表格，通知被测者准时到考场以及其他必需的准备工作。

笔试开始时，主考官宣读指导语是分阶段宣读的。测评进程主要通过指导语来加以控制。

测评结束后，主考官应及时组织和协调评委的评分工作：要求评委围绕测评指标的评分标准进行评分；根据评委的人数、时间安排等条件选择恰当的方式对评分的一致性进行验证，力求评分客观、科学。在测评过程中，评委必须态度认真、高度负责。

主考官必须提前熟练掌握笔试的实施程序，同时要有较强的沟通能力、应变能力和协调能力。

2. 监考官

监考官的主要职责是现场监督、收发试卷、清点试卷、密封试卷等。主要是按照主考官的指挥和安排完成相应任务。在组织笔试实施过程中，监考官同样担当着非常重要的角色。

3. 工作人员

工作人员主要负责考场其他事宜，如考生在考试过程中去洗手间时要陪同监督等。

以上人员在笔试实施之前须经过专门培训，使其掌握笔试过程中的每个细节，将笔试过程中的不确定性降到最低。

五、评分与评价

对笔试中开放问题的评价是本部分介绍的重点。评委在评价中起着至关重要的作用。所以，应精心挑选评委，并对其进行必要的专业培训。为了避免评委个人因素对评分的影响，同一问题至少应该由两名评委打分，然后对分数的一致性进行分析，对差异较大的评分进行调整。如果只有一名评委，可以通过抽查的方式对案例进行检查，查看评分是否客观、一致。

评分时应注意以下事项：

第一，在评分之前，评委应提前熟悉笔试题目、评价指标和评分标准。

第二，评分过程中要关注被测者的分析思路，研究被测者的分析能力和特点。

第三，评委评分时应以测评指标作为依据，紧扣评分标准，同时注意拉开差距，避免给被测者的分数相差不大（评价指标及标准是针对测评指标对被测者相应的能力给出的定性等级和定量分数的参照标准）。

以公文写作为例，如表 3—1、表 3—2 所示。

表 3—1　　公文写作评分标准样例

维度	等级		
	差（1～5 分）	中（6～8 分）	优（8～10 分）
表达	● 表述含混不清，措辞不当 ● 没有逻辑性、条理性	● 表述基本清晰 ● 具有一定的逻辑性	● 表述流畅 ● 行文条理清晰，逻辑严密
内容	● 对主题缺乏认识，泛泛而谈 ● 没有结合本岗位来谈对主题的认识或总结	● 对主题有一定的认识，论述较为充分 ● 基本能够结合本岗位，谈一些体会或初步的经验总结	● 论述内容充实，言之有物，具有一定深度 ● 不仅结合本岗位，而且有较好的经验 ● 能够提出一些具有新意的见解
文采	● 没有文采，句式单一，平铺直叙	● 具有一定的文采，能够利用多样的句式，增加文章的感染力	● 文采突出，能运用灵活多变的句式，增强语言的美感 ● 善用一些恰当的修辞方法，增强文章的感染力

表 3—2　　试题及答案要点样例

试题	请根据您对国内外政治、经济、市场等宏观环境变化的了解，简要分析国有火力发电企业在未来几年内所面临的机遇和挑战，并提出应对措施。
答案要点	● 机遇。 中国经济的发展； 国家新的能源政策，国家逐步加大电网的建设，大力提倡节能降耗，实施“竞价上网”和“节能调度”。 ● 挑战。 市场竞争日益加剧； 燃料成本、人工成本大幅上升； 电价政策的调整：即将对各地电价进行差别化调整，对不同的能源类型企业实施不同的调度和电价政策； 电网建设滞后和不匹配； 企业人才结构不合理，人才水平整体下降。 ● 措施。

续前表

答案要点	● 规划。 制定新的适应国际国内形势的企业发展规划； 市场开发：加大市场开发的力度，提高市场占有率，积极推进大用户直供电的实施； 燃料：努力稳定扩大燃料的来源渠道； 技术设备：积极实行技术改革，优化运行，加大设备治理力度，提高机组的可调性、可靠性、节能性； 员工：加大员工的培训力度； 管理：优化管理流程，加强内部的管理与创新。

附件一：主考官准备清单

在笔试测评实施前一天，主考官须对照下面的清单，核查准备工作是否完成。

1. 测评前一天告知工作人员测评实施程序。
2. 测评前一天熟悉实施程序、题目及考官须知。
3. 至少提前一天布置考场。
4. 准备计时工具。
5. 准备草稿纸（被测者用）。
6. 打印被测者编号及考号（主考官用）。
7. 打印题本（附件五、附件六），被测者与主考官人手一册。
8. 打印笔试实施程序。

附件二：标准化考场布置

1. 至少在测评前一天安排好考场，准备好被测者编号，贴好考号（可选），布置好考场。

2. 要根据测评人数确定考场大小，确保每位被测者间隔一定的距离，使答题互不影响；考场环境要安静，室内光线明亮，要适合阅读，室内温度适宜。

3. 为被测者准备好草稿纸和签字笔等答题工具。

4. 主考官应准备好手表或其他计时工具，在考场内的醒目位置悬挂钟表。

5. 测评开始之前，主考官应准备好以下材料：被测者编号及名单、监考官指导语、答题纸及草稿纸、指导语范本、计时器。

附件三：实施程序

1. 由工作人员引导被测者入场，安排就座，主考官居考场的正前方，面向被测者。

2. 主考官宣读指导语。

> 主考官参考指导语：
>
> 大家好！欢迎参加××公司的测评活动。
>
> 现在我们要进行的是笔试。在答题过程中，请将答案写在答题纸上，注意字迹工整、清晰。为了使大家的答题不受影响，现在请大家将手机调至静音。下面请工作人员分发笔试试卷、草稿纸（和签字笔）……

3. 由工作人员分发签字笔、草稿纸和笔试试卷。

4. 主考官指导被测者填写基本信息。

> 主考官参考指导语：
>
> 请大家拿出案例分析材料，先不要向后翻，请将您的姓名、学历、专业及应聘岗位和编号写好。你们有30分钟的作答时间，我会在考试结束前5分钟时提醒大家。好，现在开始答题。

5. 测评开始后，主考官和工作人员可巡视考场，也可以到考场后方就座，可解答题目以外的问题。

6. 离考试结束时间还剩5分钟时，提醒被测者。

> 主考官参考指导语：
>
> 离考试结束还有5分钟，请没答完的考生尽快答题。

7. 测评结束后，由主考官统一指挥工作人员收回试卷、草稿纸及签字笔，并将试卷装订存档。

> 主考官参考指导语：
>
> 请大家停笔，由工作人员收回试卷、草稿纸（和签字笔）。

8. 由主考官宣布测评活动结束，请被测者离开考场。

> 主考官参考指导语：
>
> 非常感谢大家参加此次笔试，我们会尽快通知考试结果。再见！

9. 由工作人员回收问卷和草稿纸，汇总评分后存档。

【思考题】

1. 什么是笔试？
2. 笔试的种类有哪些？
3. 笔试考察的内容有哪些？
4. 笔试组织实施分为哪几个阶段？

第四章 面试

【关键词】

面试　结构化面试　行为化面试　情景化面试　面谈提纲

第一节 面试方法概述

面试是一种经过组织者精心设计，在特定场景下，以考官对考生的面对面交谈与观察为主要手段，由表及里测评考生的知识、能力、经验等有关素质的一种测评活动。在现代人力资源管理中，几乎所有的企业都会在招聘、选拔过程中使用面试方法。在某咨询机构一项针对852名雇主的调查中，99%的雇主都用面试来进行员工甄选。面试给公司和候选人提供了双向交流的机会，能使公司和候选人之间相互了解，从而双方都可更准确做出聘用与否、受聘与否的决定。由此可见，面试是现代人才测评中一种必不可少的方法。

一、面试方法的特点

面试可帮助企业了解候选人的仪表举止、动机与态度、口头语言表达能力、综合分析能力、应变反应能力、人际交往的意识与技巧、自我控制能力等。如果面谈沟通得比较深入，对测评对象的性格、爱好、专业知识与技能等也能有较准确的把握。面试主要有以下几方面的特点。

1. 直观性

在面试过程中，主考官和面试对象直接交流、接触，所谓“眼见为实”，这种互动过程有助于对被试形成丰满、直观的印象，进而对评价和决策过程产生十分重要的影响。

2. 便捷性

面试的形式和内容具有较大的变通性，对场地没有严格的限制，也不需要借助任何辅助设备，且在面试过程中，主考官可以根据面试对象的回答灵活掌握提问的侧重点和面试时间，具有很强的可操作性。

3. 互动性

这是面试与笔试的最大区别，面试是一个信息双向交流的过程，主考官与面试对象之间形成有效互动，能够大大提高所获得的信息的真实性。

4. 主观性

虽说面试（特别是结构化面试）也有一定的评价标准，但与笔试相比还是更多地依赖主考官的主观判断，造成不同评价者对同一面试对象的评价可能产生较大差异，这似乎是面试作为一种常用人才测评方法的最大弱点，但我们依然可以通过提高面试的结构化程度、明确评价标准、组间差异平衡等方式尽可能地提高面试的评分者信度即评价的一致性。

5. 对象的单一性

面试官需要对每一位面试者进行观察，提出与职位相关的问题，并逐一进行打分。

6. 内容的灵活性

体现在三个方面：因面试者的个人经历、背景等情况不同而有所不同；因工作岗位的不同而有所不同；因面试者在面试过程中的表现不同而有所不同。

7. 信息的复合性

既要听面试者所说的，也要观察其表情、眼神和行为举止，对各方面信息进行搜索，并综合起来考察。

二、面试的分类

面试是目前被公认为最有效的人才测评工具之一。按不同的标准可将面试分成很多类别，主要有以下几种标准。

1. 结构化程度标准

按面试的结构化（标准化）程度来划分，可分为结构化面试（structured interview）、半结构化面试（semi-structured interview）和非结构化面试（non-structured interview）三种。所谓结构化面试，是指面试的内容、方式、评委构成、程序、评分标准及结果的分析评价等构成要素按统一制定的标准和要求进行的面试；半结构化面试，是指只对面试的部分因素有统一要求的面试，如规定有统一的程序和评价标准，但面试题目可以根据面试对象而随意变化，目前应用最多的是半结构化面试，如公务员录用面试即为半结构化面试；非结构化面试则是指对面试的构成要素不作任何具体规定的面试。结构化面试可以减少盲目性和随意性，其特点是客观、有效性高，但对面试设计、组织以及主试的培训程度要求都比较高。半结构化面试和非结构化面试的特点是简单、容易组织，但主考官的随意性较大，效度较低，有的甚至低于0.20。[①] 在非结构化的面试条件下，面试的组织非常“随意”。

---

① See Weisner, W. H. & Steven, C. A., “Meta-analytic Investigation of the Impact of Interview Format and Degree of Structure on the Validity of the Employment Interview.” *Journal of Occupational Psychology*, 1988, 61 (4): 275-290.

2. 测评目的标准

根据不同的测评目的可将面试分为甄选面试（select interview）、压力面试（stress interview）和评定面试（appraisal interview）。甄选面试是实际工作中应用最广泛的一种面试，简单来说就是通过被试在面试过程中的表现，对其能力特点、动机等方面进行评价，从而为人事决策提供依据。我们平时讲的面试大多是以甄选为目的的。压力面试是将被试置于一种有压力的情景中以考察面试对象对压力的承受能力。评定面试主要是上级主管和同事对被试的工作绩效所进行的面对面评定。

3. 内容设计的侧重点标准

按内容设计的侧重点不同，可将面试分为行为化面试（behavior interview，简称 BI）、情景化面试（situational interview，简称 SI）和综合面试（comprehensive structured interview，简称 CSI）。[①] 行为化面试的核心是将问题集中在被试过去的行为方面，意在通过被试的过往推断其未来可能的行为表现。情景化面试则是通过向被试提供一种模拟的情景，观察被试在给定情景中的行为反应，主要关注被试与未来行为相关的意向或倾向；情景化面试的最大优点在于可以考察被试在没有经历过的情景中可能的行为表现，可以更好地模拟实际岗位的工作要求。综合面试则兼具前两种面试的特点，且是结构化的，内容主要集中在与工作岗位有关的知识、技能、素质等方面。行为化面试和情景化面试都属于结构化面试。

三、行为化面试概述

行为化面试早在 20 世纪 60 年代的美国，在工业与组织心理学领域就做过一些研究。到 1982 年，詹兹对行为化面试进行了深入的分析与比较，该方法便开始用于员工招聘。行为化面试通过要求候选人描述其过去的工作或生活经历来考察候选人的个性特征及能力素质。行为化面试法是迄今为止最为有效的面试方法之一，有研究表明其预测效度可以达到 0.5～0.6 的水平，仅次于评价中心法。

行为化面试的理论基础非常简单，可以用一句话概括，即一个人过去的行为可以预测这个人将来的行为。根据这一思路，行为化面试的原理就是通过一系列问题（如：“请你谈一下过去工作中遇到的最有挑战性的事情，当时的情况如何，你是如何解决的?”），引导测评对象讲述自己过去工作中遇到的一些典型的、与所测评的胜任力指标高度相关的行为事件，收集其在处理上述事件中的具体行为和心理活动的详细信息，进而推论测评对象今后遇到类似情景时可能的行为表现及其在这一测评维度上的胜任力水平。由此可见，行为面试的核心就是一个个行为事件，一个完整的行为事件必须满足 STAR 模式：

- 情景（situation），即关于事件的背景信息。
- 任务（task），即当事人面临的具体任务或所要达成的目标。

---

① See Harris，M. M.，“Reconsidering the Employment Interview：A Review of Recent Literature and Suggestions for Future Research，” *Personal Psychology*，1989，42（4）：691－726.

● 行动（action），即当事人针对上述任务或目标所采取的具体行动。

● 结果（result），即当事人所采取行动产生的结果。

与传统面试相比，应用行为化面试考察测评对象的胜任力特征具有以下优点：

（1）客观性。行为化面试的基础是目标岗位的胜任力模型，面试人员须基于模型中已有的行为描述对测评对象的回答做出分析和判断，从而最大限度地保证了面试官评分时能够遵照相对客观、统一的要求和标准，极大地提高了面试的客观性。

（2）针对性。在行为化面试过程中，面试官可以直接针对胜任力模型指标进行提问，要求测评对象讲述自己过去经历的能够说明此项胜任素质的典型行为事件，从而大大提高了面试的针对性，避免了传统面试中泛泛而谈的情况。

（3）准确性。行为化面试关注应聘者在过去的事件中做出的具体行为，受过一定训练的面试官很容易依此判断测评对象胜任力水平的高低。

（4）区分性。在行为化面试过程中，由于测评对象被要求讲述具体经历及自己在其中的行为表现，一般很难在短时间内杜撰出完整翔实的行为事件，所以每个测评对象回答的都应该是其亲身经历的事情，避免了传统面试中经常出现的回答千篇一律的情况。

行为化面试比较容易实施，效度也高。在当前的企业实践中，行为化面试的应用范围最为广泛。在世界500强的企业中，大多数将行为化面试作为企业招聘中使用的标准方法。但由于行为化面试是针对候选人过去发生的行为进行提问，它在不经意间歧视了那些不具备或是过去没有机会证明评价标准所支持行为的候选人，即：经验的缺乏使这个候选人处于不利地位。因此选拔一些开拓型人才时，行为化面试不太容易发现候选人的创造潜质，而选拔守业型人才时，行为化面试则更适合。

以下是一些典型的行为面试题：

（1）工作至今，您完成的最艰巨的任务是什么？当时的情况怎样？您采取了哪些行动？结果如何？（测评指标：主动性，考查压力情景下对待工作的态度）

（2）在日常工作中，您碰到以前没有遇到的困难时是如何解决的？请举例说明。（测评指标：创新意识，考查方法与思维的突破性）

（3）您是否带过下属或是担任过项目负责人？您的下属中是否有人不胜任工作？您当时采取了什么措施？效果如何？请举例说明。（测评指标：辅导培养）

（4）生活中，我们经常会遇到一些社会不良风气，能否举例讲讲当时的情况，您是如何处理的？（测评指标：正直诚信）

（5）在工作期间，您是如何执行上级安排的紧急任务的？请举例说明。（测评指标：高效执行）

（6）您是怎样围绕计划开展工作的？在进度和结果的掌握上有没有一些好的经验可以和我们分享？（测评指标：组织规划）

（7）您现在的工作在哪些方面需要和市场紧密衔接？您的工作重点和难点在什么地方？请结合具体工作给我们解析一下。（测评指标：市场导向）

（8）您有没有遇到过您部门的员工与其他部门发生矛盾冲突的事情？当时的情况怎样？您是如何处理的？（测评指标：关系协调）

（9）您有没有碰到过团队士气不高的情况？您当时是如何处理的？为什么这么

处理？请举例说明。（测评指标：团队领导）

(10) 在实现目标的过程中常会遇到困难或挑战，您是怎么处理和解决的？请举例说明。（测评指标：目标驱动）

(11) 您有没有遇到过顾客提出的要求比较难以实现的情况？能否举例说明？（测评指标：客户导向）

(12) 您能不能与我们分享一个您觉得自己做得最成功的商业活动？您是如何进行资源整合的？（测评指标：全局意识）

四、情景化面试概述

情景化面试由加里·莱瑟姆和他的同事在 1950 年第一次提出，并首次应用于员工面试中。情景化面试是在假设或模拟的情景中，通过询问候选人一些非显而易见的情景性问题，观察候选人的反应，进而捕捉其个性特征及能力表现的一种面试方法。这种假设或模拟的情景一般都与工作高度相关且是工作中的典型，候选人的回答与他们未来工作中的真实行为有很大的相关性。情景化面试可以考察候选人在关键点的分析能力、问题解决能力、沟通协调能力、思维的灵活性或敏捷性、抗压性、创新性等关键胜任力，因此情景化面试也可以说是基于胜任素质的面试。

情景化面试的理论基础之一是美国心理学家 E. A. 洛克的目标设置理论。目标设置理论指出：目标本身能把人的需要转化为动机，使人的行为朝着一定方向努力，通过不断调整自己的行为，进而实现目标。因此，可以从个人的目标或行为意向预测其将来的行为表现。候选人未来的业绩可通过其在特定情景中，面对问题或冲突时做出正确或合理的决策等方面的能力来进行预测，这是情景化面试的基本假设。

心理学家库尔特·勒温的相互作用理论是情景化面试应用于人才选拔的另一理论基础。他指出一个人的行为（Behavior）取决于个人（Personality）和他所处的环境（Environment）的相互作用，即：$B=f(P\times E)$。这一理论应用于情景化面试即为候选人面试时的表现取决于他们本身的素质和当时情景的相互作用。如果面试官所选择的情景对每一位候选人都一样，候选人不同的行为表现即是由其所具有的不同素质所致。

情景化面试主要考察候选人的各种实际操作能力，它主要有以下三个特点：

(1) 以未来为导向。情景化面试强调的是将做什么，是一种关于倾向性的测试。

(2) 针对性强。在情景化面试当中，情景内容是假设的或模拟与实际工作高度相关的某项工作，而且是根据不同层次人员的岗位要求设计不同的模拟情景，因而情景化面试具有很强的针对性。

(3) 可信度高。情景化面试将候选人置于动态的工作模拟情景中，候选人提前所做的准备往往不起作用，只能在面对各种信息或变化的情景时随机应变，从而在动态的环境中真实地展示自己的能力和素质。因此情景化面试与其他面试形式和笔试相比，具有更高的可信度。

企业在进行招聘选拔时采用情景化面试的频率越来越高。莫伊勒等人使用专家考官和新手考官对一个警官职位进行情景化面试，通过行为锚定量表对参与面试者进行打分，结果发现专家考官和新手考官的评分接近，这表明情景化面试的行为锚定量表可以排除考官个人水平的影响，从而提高了情景化面试的有效性。然而，有学者通过研究发现，情景化面试的信度和效度较高的原因是之前的研究数据来源于简单的、基层的职位。普拉克斯和施密特（1995）在美国联邦调查局人才选拔的研究中发现，情景化面试不太适合于像联邦调查局这样的复杂部门和职位的人才选拔。艾伦等（2001）的研究验证了情景化面试在高层次人才选拔面试中应用的局限性，其原因可能是：情景化面试题目长度有限，难以设计复杂情景；运用关键事件编成的情景题动态性不强；候选人对情景的简单反应使得试题的区分度低。因此，在一些企业招聘或人力资源管理研究中提到的情景化面试多用于那些对没有工作经验的应聘者的招聘选拔上。但是需要注意的是，在选拔开拓型人才时，情景化面试更能发现候选人的创新潜质。

情景化面试问题的一般形式是："如果你在……的情况下，你会如何做?""假如遇到……的情况，你会怎么做?"以下是诺姆四达开发的情景题：

(1) 假如你刚到工作岗位，领导就让你带领两位同事完成一项任务，但是一位同事自己的工作很忙，没空配合你；而另外一位同事，对你制订的计划不认同，继而对你安排的工作爱理不理，这时你应该怎么办?（测评指标：沟通协调能力）

(2) 随着工作的开展，你发现，该小组组长工作勤恳却成效不大，原因在于组内成员工作散漫，面临问题相互推诿，还经常为分工而争吵。每当此时，组长不仅要花时间解决他们之间的矛盾，还要默默地承担起额外的工作，这种工作状态已经严重影响了工作进展。假设你被公司临时抽调担任某工作小组副组长，面对这种情况，你会怎么做?（测评指标：团队激励、培养他人、协作精神）

(3) 假设在今年的销售旺季中，与竞争对手相比，你公司某款产品的销量与竞争对手存在较大差距。经调查发现，竞争对手的产品主要有以下几个方面的优势：改进了技术，降低了生产成本，质量水平得到提升。在资源有限的情况下，你认为应该如何提高该款产品的销量? 其依据是什么?（测评指标：市场敏感与分析）

(4) 某部门正面临着一个棘手的问题：该部门在制订工作计划时，都经过了深入调研，并对计划目标进行了论证，而且，通过宣导等方式取得部门员工的认同。但是，很多时候，计划的执行效果都达不到预期要求。经调查发现，员工在执行计划的过程中总是不能很好地按照既定方案进行。如果你是该部门的经理，你认为应该如何解决这个问题? 为什么?（测评指标：监督控制）

第二节 面试的操作流程

面试操作流程包括以下四个环节：面试评估模型设计、面试题目设计、面试组织实施、面试成绩汇总（如图 4—1 所示）。

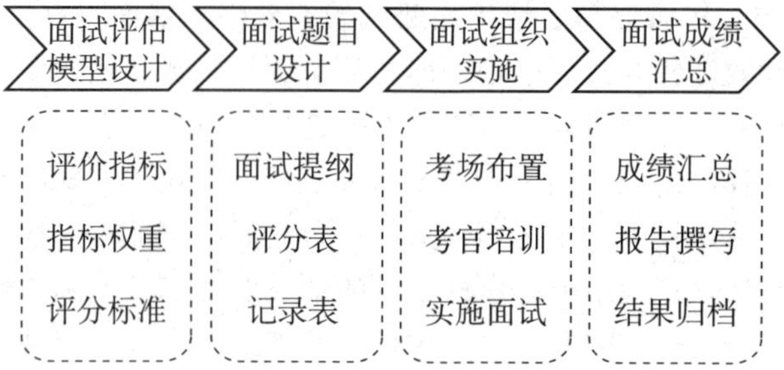

图 4—1 面试操作流程

一、面试评估模型设计

在拟定评估模型时要根据此次测评目标对素质模型进行分析，从中选出须进行测评的指标，从而组合成评估模型（如图 4—2 所示）。若企业尚无素质模型，在拟定评估模型时应考虑到以下几个方面：结合被测者和测评目的确定测评重点内容；结合被测者的岗位职责及企业文化、发展战略等对员工的素质要求确定测评指标、内涵，以及各测评指标之间的权重；根据测评工具和方法的适应性确定同一指标内不同方法之间的权重等（具体操作思路可参见《人才测评概论》一书中的“人才测评标准”一章）。表 4—1 为分析思维的评分标准样例。

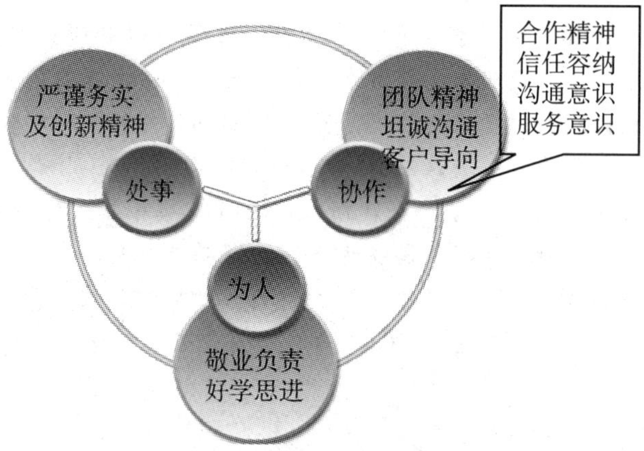

图 4—2 从素质模型分解测评指标示意图

表 4—1 分析思维的评分标准样例

	等级		
	差	中	优
全面思考	考虑问题角度单一，只能关注到眼前的信息，对事物的整体性关注不足，难以找到关键影响因素。	能够全面地思考问题，并能关注到各方面的信息，但对事物的整体印象和关键因素的把握不够准确。	考虑问题全面，善于整合零散信息与片段，能够迅速地勾勒出事物的整体，并较快地找到关键影响因素。

续前表

	等级		
	差	中	优
逻辑清楚	思路不清晰，抓不到事物直接的关联。	思路比较清晰，能体察到复杂事物之间的关联，把握的准确性不高。	思路清晰，能够快速、准确地判断出复杂事物之间的关联性。
把握本质	分析问题比较表面，抓不到事物的规律。	对单个问题的分析比较深入，对事物规律的把握不够准确。	分析深入，能够捋清发展脉络，善于把握事物的规律。

二、面试题目设计

面试具体流程分为启动阶段、提问阶段、结束阶段和评价阶段（如图 4—3 所示）。不同阶段适用不同的问题类型。如启动阶段适合背景性问题、意愿性问题；提问阶段适合专业性问题、智能性问题和行为性问题；结束阶段适合意愿性问题（如图 4—4 所示）。

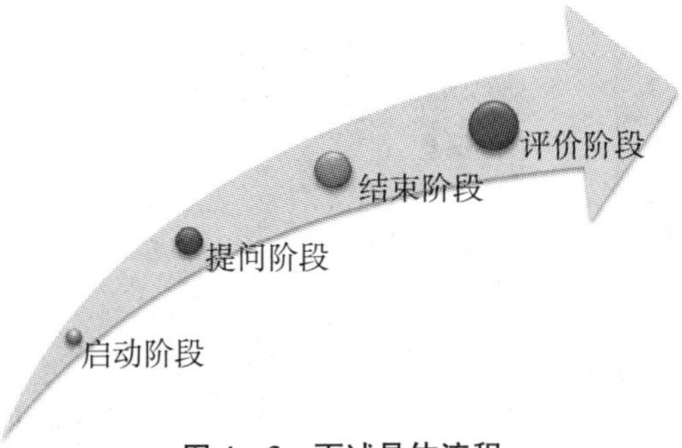

图 4—3　面试具体流程

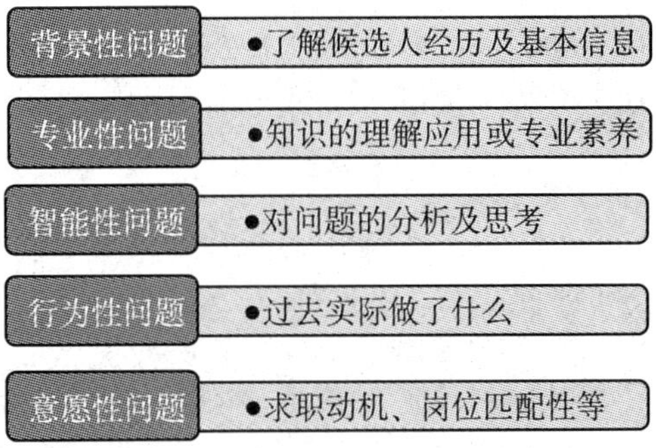

图 4—4　面试问题类型

在本阶段，除面试题目设计外，还要设计面试评分表（如表 4—2 所示）和记录表。

表 4—2　　**面试评分表样例**

考生编号：________　　姓名：________　　日期：________　　评委签名：________

评价指标	评价构面/关键点	评分			评语
沟通协调	● 主动沟通 ● 语言表达 ● 协调策略	优良：15～12	中：11～7	差：6～1	
积极主动	● 主动承担责任 ● 积极贡献自己的力量	优良：20～16	中：15～9	差：8～1	
分析思维	● 全面性 ● 深入性 ● 逻辑性	优良：20～16	中：15～9	差：8～1	

附件：面谈提纲样例

一、引导语

您好！（介绍评委）。我们现在要做一个60分钟左右的谈话，来对您的个人经历和工作情况进行详细了解。在您介绍的过程中，我们会通过询问一些问题来做深入了解。如果有些问题您觉得涉及个人隐私，请告诉我，您可以不予回答。对这样的安排，您有什么意见？

二、了解学习及工作经历（10分钟）——暖场问题

您之前有没有参加过这样的测评活动？今天的感受怎么样？

请介绍一下您的学习经历和工作经历。

您目前在××公司的岗位是什么？请详细介绍一下您的工作职责和工作情况。

您在××公司的这段工作给您最深的体会或感受是什么？

三、围绕测评指标提问（50分钟）（如图4—5所示）

测评指标	问题
价值认同/文化接纳/组织承诺/行动支持 **评价构面：** ● **合格线** 1. 认同：认同企业的核心价值理念以及经营宗旨，并在对客户、同事等的工作行为中，自觉地实践这些价值理念。 2. 接纳：能够主动积极地了解企业文化，接受企业文化的熏陶，并在工作所及的范围内进行传播。 3. 承诺：对企业、工作有较大的感情投入，具有一定的组织忠诚度。 ● **加分因素** 1. 接纳：能在原有文化的基础上主动丰富和创造企业文化。 2. 承诺：忠诚度很高，具有强烈的主人翁意识。 ● **优秀线** 1. 传递：主动将自己对组织的理解和组织的价值观传递给他人。 2. 行动：强调自我付出、身先士卒，并落实在自己的行动中；主动与公司共同发展，以实现公司的目标为自己的目标。	1. 您如何理解和看待××公司的价值观（文化）？在贯彻企业价值观（文化）方面，谁给您留下的印象比较深刻？请详细描述。 2. 在贯彻××公司价值观（文化）方面，您一般采用什么方法、措施来确保员工能够理解、认同和从实际行动中体现企业的价值观（文化）？ 3. 您目前的工作最吸引您的方面是什么？请谈谈在工作方面，您对未来的设想和规划。

图4—5 围绕测评指标提问示例

三、面试组织实施

面试组织实施包括测评现场布置、考官培训以及实施面试三个部分。

1. 测评现场布置

一个理想的面试环境，不仅有助于舒缓被测者本已紧张的神经，以帮助他们最好地表现自己，还有助于评委集中精力去获取关于被测者的关键性信息，对其未来的工作业绩作出准确的预测；同时还有助于企业在后备人才面前宣传和维护其专业、负责、尊重人才和积极进取的形象。

主考官正对被测者而坐，评委紧邻主考官而坐；记录员席设在评委对面（如图 4—6 所示）。

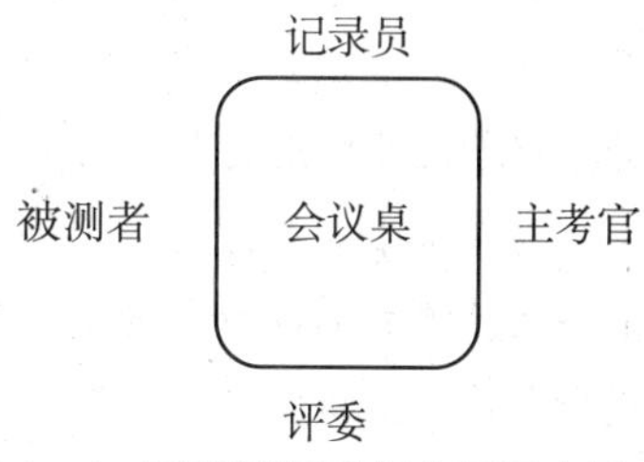

图 4—6 面试测评现场布置示意图

2. 考官培训

考官培训是针对每次测评所进行的，与技术培训不同，该培训应着重于所有考官对该次测评的评价背景、评估模型、评分标准、实施流程、评分与评价要求的把握以及结果输出或报告撰写等方面。在培训考官之前要准备相应的考官培训手册，手册中不仅要体现面试技术要求，同时还要体现纪律要求以及具体的实施信息（如面试的时间、地点等）。

3. 实施面试

实施面试包括四个方面，如图 4—7 所示。

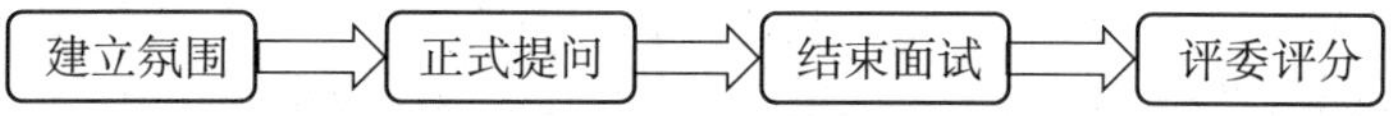

图 4—7 实施面试的四个方面

（1）建立氛围。

● 被测者进测评现场后，握手或口头表示欢迎。

● 主考官简单介绍评委和记录员。

● 说明面试的目的、所需时间及隐私保护原则。

● 以日常话题作为引导，让被测者轻松进入面试状态，以消除他们的紧张心理，建立和谐、友善的面试气氛。

这一阶段安排的结构化问题是导入性问题、行为性问题。

（2）正式提问。

● 主考官按照面试提纲进行提问，并严格遵循行为面试的原则控制整个提问进程。

● 主考官和评委做好关键行为事件的记录，记录员详细记录被测者的回答。

（3）结束面试。

● 结束面试前，时间允许的情况下补充提问，给被测者补充陈述的机会。

● 如果有欺骗性问题的设计，应向被测者说明意图。

● 面试的结束要自然、流畅，不要给被测者留下某种疑惑或突然的感觉。

● 以积极、礼貌的态度向被测者致谢，结束面试。

(4) 评委评分。

在每一位被测者完成面谈之后，留下一段时间，由面试评委分别根据被测者的面试表现独立打分（给出该被测者在每一个考核要素上的得分）。同时评委对被测者的总体情况写出简明扼要的评语，如突出的特点、明显不足、评定意见等。评分时应注意：评委按照评分标准独立给出初评分，并填入初评表；主考官与评委进行评分讨论，给出终评分；整理出相应的行为事件和定性评价意见，并填入终评表中。

为保证平等对待所有被测者，评委应将所有被测者的分数集中在一张表内，参照对前一名被测者的评分，确定对当场被测者的评分。另外，由于有数名评委对同一被测者进行考核，应将各个评委对被测者的评判分数加以比较。如果发现在分值上有较大差异，应在评委之间进行交流和协商，评出一个大家认可的分值。

第三节 面试人员要求

一、评委要求

人数：2～3 位。

角色分工：1 位主考官，1～2 位评委。

● 主考官主要负责面试提纲所列问题的提问和面试进程的控制。

● 评委在主考官提问过程中不应擅自发问，可在主考官提问完毕后适当补充提问，以免打乱主考官提问的逻辑顺序。

● 所有评委在面试过程中都须对被测者的典型行为事件进行记录，主考官可以只记录关键要点，把更多的精力用在提问和追问上。

二、记录员（兼工作人员）要求

人数：1 位。

工作内容：

● 按照要求布置测评现场，给评委发放面试提纲、评分标准、评分表和白纸，通知被测者准时到测评现场并核对被测者身份。

- 面试过程中不能随意出入测评现场，并禁止闲杂人等进入。
- 记录面试过程中被测者的回答，尽可能翔实，并根据需要录音、录像。
- 面试结束后将被测者带离测评现场。
- 评委讨论时记录相关评价结论，并根据记录为评委提供补充证据。
- 面试结束后妥善保存面试材料、评委记录纸和评分表格等。

三、被测者要求

人数：1 位。

测评须知：

- 按时到达指定场地。
- 面试过程中不能随意出入测评现场，并保持通信工具等不干扰面试。
- 独立回答问题。

四、面试过程中的注意事项

其一，对评委而言，面试过程有 4 个关键词：提问、倾听、判断、记录。

其二，主考官应围绕测评指标展开面试，尽量少问无关问题。

其三，应以被测者回答为主，其所占时间应超过 2/3。

其四，评委不应对某个问题发表自己的看法，不应就被测者的回答进行评价，不应利用面试过程教育、训导被测者。

其五，主考官应控制面试的进程与节奏，注意时间的分配，平衡在每个测评指标上收集典型行为事件的时间，避免时间紧张导致个别指标的典型行为事件收集不足。

其六，主考官应引导被测者更多地讲述最近的学习和工作经历，不要过多探究被测者早期的学生经历。

其七，主考官应不时保持与被测者的目光接触。

第四节 常见误差及控制方法

面试中如方法应用不当会出现这样或那样的误差。面试测评常见误差及其控制方法如表 4—3 所示。

表 4—3 **面试中常见误差及控制方法**

误差类型	典型表现	控制方法
趋中效应	对测评指标及评分标准理解不到位，评价时没有紧扣标准，评分高度集中在中间档次，差距拉不开。	深刻理解指标内涵及评分标准，评价时以标准为唯一参照，客观评价。
光环效应	被被测者的某一长处迷惑，提高对其他方面的评价，面试过程中极易产生光环的特征有表达能力、仪表。	评委严格参照标准进行评价。
疲劳效应	面试时间持续较长，主考官及评委要连续作战，导致越到后面评委的评分标准越容易混乱，多场次连续面试的时候尤其容易出现疲劳效应。	评委要一直保持旺盛的精力，面试中不仅要考虑和留意主考官的提问，仔细倾听被测者的回答，认真观察其反应，还要保持清醒的头脑，对被测者的能力和水平做出恰如其分的判断。
对比误差	仅通过被测者前后对照进行评分，不按标准评分。	依据测评标准评分。
第一印象	面试开始前 5 分钟被测者给评委留下的印象影响了评委的判断，后续的面试过程成为证实自己判断的过程。	全过程的信息都作为评价被测者能力与个性特征的依据，不轻易下结论。
主观评价	联系被测者的职位和经历推测其某项能力，并由此抬高分数。	仅就面试中得到的信息和观察做出评价。
标准就高	对某一行为信息的归类趋向于向高标准靠拢。	深入理解标准中对于行为性质的界定。
真伪难辨	某些表达能力突出的被测者，会夸大其成绩或者将团队成绩或书本中看到的成绩归于自己，博取评委好评。	通过细节追问辨别真伪，就具体的操作方法、时间地点、经过、数量等追问，通过其回答进行判断。
与我相似	这种心理因素是指当听到考生某种背景和自己相似时，就会对他产生好感或同情等心理活动。	依据测评标准评价。
触角效应	与光环效应相反，评委会从被测者所说的话中挑刺。	评委之间对评分结果进行交流，消除个人好恶偏见的影响。

【思考题】

1. 什么是面试？
2. 面试的特点有哪些？
3. 面试分类的标准有哪些？每一标准下可将面试分为哪些类型？
4. 什么是行为化面试？
5. 什么是情景化面试？
6. 面试的操作流程是什么？
7. 面谈提纲包括哪些要素？

第五章 评价中心技术

【关键词】

评价中心　文件筐测验　无领导小组讨论　管理游戏　角色扮演　案例分析　演讲

第一节 评价中心概述

评价中心（assessment center，简称 AC）是一种包含多种测评方法和技术的综合测评系统。一般而言，它是针对特定的岗位来设计、实施相应测评的方法与技术。通过对目标岗位的分析，在了解岗位的工作内容与职务素质要求的基础上，事先创设一系列与工作高度相关的模拟情景，然后将被测者纳入该模拟情景中，要求其完成该情景下多种典型的管理工作，如主持会议、处理公文、商务谈判、处理突发事件等。在被测者按照情景角色要求处理或解决问题的过程中，评委按照各种方法或技术的要求，观察和分析被测者在模拟的各种情景压力下的心理、行为表现，测量和评价被测者的能力、性格等素质特征。

一、发展与应用历史

评价中心技术最早是应军事需求而创建的一种素质测评方法，起源于德国心理学家1929 年建立的一套用于挑选未来军官的非常先进的多项评价程序，他们确定的建立评价程序的指导原则为整体性和自然性，采用了任务练习、指挥系统练习、深入面谈、五官功能测验和感觉运动协调测验等多种独特的评价方法。

第二次世界大战期间，评价中心技术开始得到大量应用，英国、美国先后采用评价中心选拔军事人员和特工人员。英国军队成立了陆军部评选委员会，由两位英国精神病学家制定了最初方案，包括精神病学面谈、智力测验以及情景模拟测验，先后有 14 万多人接受过评价。后来，英国心理学家拜恩又对上述练习进行了修改，综合应用了无领导小组讨论、团队任务、5 分钟的即兴演讲、角色扮演、深度面谈以及投射测验等。英国陆军部评选委员会挑选军官的程序比德国有所进步，评价练习把被测者置于更现实的环境中，并用来测评预先确定的领导才能的不同方面。

在英国陆军部挑选军官的同时，美国战略情报局也开展了管理评价活动，主要针对内部的不同工作职位建立了一套评价候选人的程序。美国战略情报局非常强调情景模拟测验和绩效练习，同样重视面谈、履历表分析、句子完成测验、健康调查和工作条件调查、词汇测验等传统方法。

第一次把评价中心概念应用于非军事目的的机构是英国文职人员委员会。从1945年开始，英国文职人员委员会发明并使用了一套复杂的程序挑选文职人员，采用了语言与非语言测验、个性投射测验、背景信息、各种渠道的调查反映、面谈、资格考试成绩、个人和小组的情景模拟练习等方法。英国文职人员委员会把情景模拟测验的本质变成反映领导和管理才能的测评方式。他们的工作为评价中心技术最终的广泛应用创造了条件。

第二次世界大战结束后，许多军事心理学家和军官加入各类企业中从事小规模的人员测评活动，逐步形成了一个包括多种评价方法和形式的测评系统，即评价中心。随后，评价中心开始进入工商界、行政管理部门，并广泛应用于管理人才的素质测评、选拔与培训。

1956年，美国电报电话公司（AT&T）首次使用评价中心这一技术进行大规模的管理发展和职业培训方面的研究，道格拉斯·布雷负责该项目。这是一项关于成功的管理人员个人及其所在组织的特点的研究，同时也是一项对管理人员的纵向发展趋势的研究，目的是获得那些目前是或试图成为公司中、高级管理者的人才的特点和成长状况等资料。随后，评价中心技术迅速在企业界和政府部门得到推广，在全美和其他西方发达国家的影响逐步扩大。美国许多有名的大公司如通用电气公司、国际商务机器（IBM）公司、福特汽车公司、柯达公司等都采用了此项技术，并建立了相应的评价中心机构来评价管理层人选。

二、方法特点及适用性

1. 方法多样，全面性、针对性强

评价中心是多种技术与手段的综合运用，这使得它不仅能够很好地测试被测者的实际工作能力，还可以对其多种能力和性格品质等素质特征进行测评。另外，由于评价中心的测评指标体系是完全从目标岗位的工作任务、工作内容、工作职责出发并根据不同层级不同类别人员的岗位要求和必备素质来设计的工作情景，这就使得它所测评的素质往往是分析和处理具体工作所需的实际能力和一些工作中必需的心理素质，针对性较强。

2. 高度模拟，具有较高的效度和可靠性

评价中心的各种方法大多都是对目标岗位真实工作情景的高度模拟，而且运用多种测评方法，由多名评委共同评价，大大提高了测评的公平性与稳定性。因而测验中被测者的表现具有较高的可靠性，在实际工作中具有较大的迁移性，对其未来在目标岗位的工作表现有较好的预测效果。

三、评价中心技术常用方法

评价中心是多方法、多技术的综合体。从测评的形式来看，广义的评价中心包含了

传统的心理测验、面谈、投射测验和情景模拟等；狭义的评价中心是指以情景模拟为核心的系列测评技术，比较经典的情景模拟技术包括文件筐测验、无领导小组讨论、管理游戏、角色扮演等，其他的技术如案例分析、演讲、事实搜寻、情景面谈等也常常结合具体的实际需求被采用。

1. 文件筐测验

文件筐测验被认为是评价中心中应用最广且最为有效的一种测评形式。文件筐测验，也叫公文处理、公文包测验，是一种情景模拟测验，是对实际工作中管理人员掌握和分析资料、处理各种信息以及做出决策的工作活动的一种抽象和集中。测验一般在假定情景下实施。该情景模拟一个组织所发生的实际业务、管理环境，提供给被测者的信息包括涉及财务、人事备忘录、市场信息、政府的法令公文、客户关系等十几份甚至更多的材料。这些材料通常是放在文件筐中的，文件筐测验因此而得名。

测验要求被测者以管理者的身份，模拟真实工作情景中的想法和行为习惯，在规定条件下（通常是较紧迫困难的条件，如时间与信息有限、孤立无援、初履新任等），对各类公文材料进行处理，形成公文处理报告。处理完毕后，一般还要求被测者说明处理的理由、原则或依据，对于不清楚的地方或想深入了解被测者时，主考官还可以与被测者进行深入面谈，以澄清模糊之处。通过观察被测者在规定条件下处理公文过程中的行为表现以及分析被测者的处理理由，评估其计划、组织、授权、决策和问卷解决能力等多方面的管理潜质。

在评价中心施测过程中采用文件筐测验的一般程序是：事先根据被测者的目标岗位设计好各种公文，这些公文是指与目标岗位工作有关的各种材料，它们是根据该岗位经常会遇到的分别来自上级和下级、组织内部与组织外部的各种典型问题而设计的，包括日常琐事和重大事件的处理，如电话记录、请示报告、上级主管的指示、待审批签发的文件、统计材料和报表、备忘录、商业函件、建议、投诉等；接着把设计好的公文（一般有十多份）装入一个文件筐中，交给被测者，并向被测者提供有关组织及其相关岗位等背景资料；测验过程就是要求被测者以目标岗位的负责人（如总经理）身份，全权负责处理文件筐里的所有公文材料。

2. 无领导小组讨论

无领导小组讨论是指将数名被测者集中起来组成小组，要求他们就某一问题开展自由讨论，评委通过对被测者在讨论中的言语及非言语行为的观察来对他们做出评价的一种测评形式。所谓“无领导”就是说参加讨论的这一组被测者，他们在讨论问题的情景中的地位是平等的，其中并没有哪一个人被指定充当小组的领导者。无领导小组讨论可以用来考察被测者的语言表达能力、组织协调能力、决策能力、沟通能力、应变能力等多方面的能力特质。

该技术的实际操作要求一般是这样的：将被测者按一定人数编成小组（一般 6～8 人），要求他们以便于交流讨论的形式坐好；事先设计准备好讨论的背景材料，测评时主考官通过清晰的指导语指示被测者以小组为单位就指定的主题进行小组内的自由讨论，要求小组在规定的时间内达成解决问题的一致性意见，背景材料一般是与工作情景相关的（也可以是假设的，为避免由于被测者专业背景不同而影响测评成绩时往往采用假设的材料）；用于讨论的主题应该富有讨论空间，保证被测者能够在给定的时限内进行充分的交流讨论；在指导语中一般不确定讨论会的主持人，不指定发言的先后顺序，也不提出诸如积极主动、观点清晰之类的其他具体要求，只是强调被测者以小组为单位进行讨论，通过讨论来解决问题。在这个过程中，评委按照事先撰写的测评能力指标及评分标准对被测者的行为表现进行观察评价。

3. 管理游戏

管理游戏是一种以完成某项或某些“实际工作任务”为基础的标准化模拟活动，通过活动观察和评价被测者的管理能力。因为模拟的活动大多要求被测者通过游戏的形式进行，并且侧重评价被测者的管理潜质，管理游戏因此得名。

在管理游戏测评中，通常是将被测者置于一个模拟的工作情景中，假设其面临一些管埋中常常遇到的现实问题，要求其想方设法加以解决。同文件筐测验类似，管理游戏中涉及的管理活动范围也相当广泛，可以是市场营销管理、财务管理，也可以是人事管理、生产管理等。在测评过程中，主考官常常会以各种角色身份参与游戏，给被测者施加工作压力和难度，使矛盾激化，冲突加剧，目的是全面评价被测者的应变能力、人际交往能力等素质特征。

4. 角色扮演

角色扮演是一种主要用来评价被测者人际关系处理能力的情景模拟活动。在这种活动中，会事先设置一系列尖锐的人际矛盾与人际冲突，要求被测者扮演某一角色并进入角色情景去处理各种问题和矛盾。评委通过对被测者在角色情景中表现出来的行为进行观察和记录，测评其相关素质。

在角色扮演中，评委一般从以下几个方面对被测者的行为表现进行评价：第一，角色适应性，被测者是否能迅速地判断形势并进入角色情景，按照角色规范的要求采取相应的对策行为；第二，角色扮演的表现，包括被测者在角色扮演过程所表现出来的行为风格、人际交往技巧、对突发事件的应变能力、思维的敏捷性等；第三，其他方面，包括被测者在扮演指定的角色处理问题的过程中所表现出来的决策、问题解决、指挥、控制、协调等管理能力。

四、评价中心技术开发

评价中心技术开发的流程如图 5—1 所示。

根据测评能力指标的特性和评价中心各种测评方法的适宜性，将测评能力指标和评价中心各测评方法一一匹配，每种测评能力指标至少要通过两种测评方法测试。如评价中心内没有两种适宜的方法可供同时测评某一能力指标，可以通过评价中心外的其他方法，如面试、心理测试等，保证能力指标经过至少两种测评方法测试，确保每个测评能力指标得到充分的观察。根据每种测评方法对某一测评能力指标的适宜性高低及测评目的确定每个测评能力指标在各测评方法间的不同权重，制定评价方案。

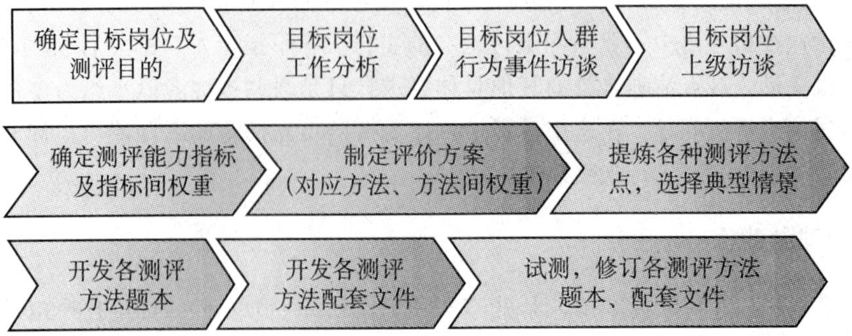

图 5—1　评价中心技术开发基本流程

根据行为事件访谈收集典型的工作情景和信息，提炼适合评价中心各测评方法的测评要点，围绕测评要点构思符合目标岗位工作内容、模拟工作岗位情景并能达到测评目的的测评材料，开发各测评方法题本。各题本间可有一定的关联性，构成评价中心模拟背景的统一性，提高模拟度和逼真性。样例如表 5—1、表 5—2 所示。

表 5—1　评估模型样例

指标名称	指标权重	指标定义	评估构面
计划与组织	30%	明确自身工作的重点，能够对各项工作进行全面考虑和统筹规划，准确识别并有效配置、整合内外部资源，妥善计划，以支撑组织的现实要求和未来发展。	● 大局观 ● 计划能力 ● 资源整合配置
执行推进	20%	围绕组织战略或经营目标，针对当前所面临的关键问题开展工作……	● 目标感 ……
分析决策	25%	根据环境与信息状况，在充分分析的基础上把握机会……	● 分析的深度与广度 ……
沟通协调	25%	保持与企业内部、外部的顺畅交流……	● 关系建立 ……

表 5—2　评价方案样例

指标名称	评价中心方法			
	文件筐测验	角色扮演	无领导小组讨论	管理游戏
善用资源	50%			50%
执行推进	30%		40%	30%
分析决策	30%		40%	30%
沟通协调		40%	30%	30%
团队管理	40%		30%	30%

第二节 文件筐测验

文件筐测验，通常又叫公文处理测验，是评价中心最常用和最核心的技术之一。它要求被测者以管理者的身份，在模拟的工作情景中，按照要求对各类文件材料进行书面处理，形成处理报告，并写明处理的理由或依据。考官通过审阅被测者的处理结果，对其某些素质进行评价。

文件筐测验是情景模拟测试的一种，它模拟一种假设环境，如公司所发生的实际业务、管理环境。提供给被测者的信息如函电、报告、声明、请示等文件，内容涉及人事、资金、财务、市场信息、政府的法令、工作程序等多种材料。这些材料放在文件筐里，要求被测者以管理者的身份，模拟真实生活中的情景和想法，在规定的条件下，在限定时间（通常为1～3小时）内，对各类公文进行现场处理。在没有旁人协助的情况下回复函电、拟写指示、做出决定以及安排会议，还要对其问题处理方式做出解释。

一、方法特点及适用性

文件筐测验是实用性、可操作性较强的一种评价中心测评方法，与面试等其他测试方法相比，具有以下几个方面的特点。

1. 表面效度高，结果预测性强

文件筐测验所提供的文件内容是实际工作中真实发生的经营、管理事件，能够有效地收集被测者的一些行为表现、能力特征，避免社会称许性对测评结果的影响，从而更好地预测出其在未来岗位上的能力匹配度，因此具有较高的表面效度和结果预测性。

2. 机会、条件均等，可集体测试

文件筐测验给各位被测者提供了条件与机会均等的情景，减少了人为因素的干扰，提高了测试的公平性；同时，文件筐处理与普通的纸笔测验一样，可进行集体测试，这也是其他情景测评所无法比拟的。

3. 情景模拟性强，测评材料涉及多方面业务

测评情景完全模拟日常的工作情景，是工作情景的浓缩，测验材料涉及财务、人事、行政、市场、生产管理等多方面业务，综合性较强。

4. 考察范围广，涉及要素多

文件筐测验主要是就被测者处理文件过程中的行为表现、思维过程和书面答案，从两个角度对管理人员进行测查：一为技能角度，主要评价其统筹规划能力、授权控制能力、协调能力、创新能力、战略决策能力、分析判断能力、资源配置能力、角色适应能力、书面表达能力等；二为业务角度，它要求管理者具有对多方面管理业务的整体运作能力，包括对人、财、物、流程的控制等。

5. 设计成本高、难度高，投入精力大

文件筐测验既要高度模拟日常工作情景，结合目标岗位实际工作任务，又要能够对被测者的关键能力素质进行有效测评，目标的多样性决定了设计的复杂性和高难度。

文件筐测验表面效度高、考察范围广等优势使得其具有广泛的适用性，易为人们所理解和接受，同时它的设计的复杂性和高难度、测评结果的高预测性、情景的高仿真性，也使得其更适用于中高层管理人员的选拔和评价。

文件筐测验由于是纸笔类测验，因此在考察与人相关的能力素质时，稍显欠缺；而在考察被测者的战略思维、大局观、理性决策、系统思考、推进执行等与任务相关的能力素质以及被测者的基本思维能力时具有较好的效果和预测性。

二、文件筐题本开发

1. 题本开发原则

（1）高度模拟目标岗位的工作情景，与日常工作任务紧密相关。

（2）各公文与测评能力指标匹配。

（3）公文内容、形式相对全面，并且公文间具有一定的关联性和系统性。

（4）各公文具有统一标准，安排要合理，符合逻辑性和工作的实际情景。

2. 题本开发步骤

确定文件筐测验的目标岗位以及测验目的，对目标岗位的工作说明书进行详细分析，了解目标岗位的工作职责；对目标岗位人群进行行为事件访谈，深入了解目标岗位的日常工作流程、工作任务和工作内容，提炼目标岗位所需的工作能力；收集日常工作中经常出现的典型情景，也可根据测验目的对目标岗位的上级领导进行访谈，了解该岗位的整体情景、公司战略文化对该岗位的要求等。结合测验目的、工作分析、访谈结果及文件筐本身的测评指标适宜性，确定目标岗位文件筐的测评能力，将能力进一步细化为评估构面，并确定指标间的权重关系。

结合测评能力指标和行为事件访谈收集的典型工作情景，提炼测评要点，构思文件筐的整体框架，编制围绕测评要点的公文情景，形成涵盖测评能力指标、高度模拟目标岗位工作情景的文件筐题本。在此基础上，开发与测评能力指标一一对应的评价标准、评分表等文件筐配套的相关文件。对文件筐初稿进行试测，分析题本的内容效

度、效标效度等，进一步修订题本和相应的配套文件，确保题本的合理性、区分度和科学性（如图 5—2 所示）。

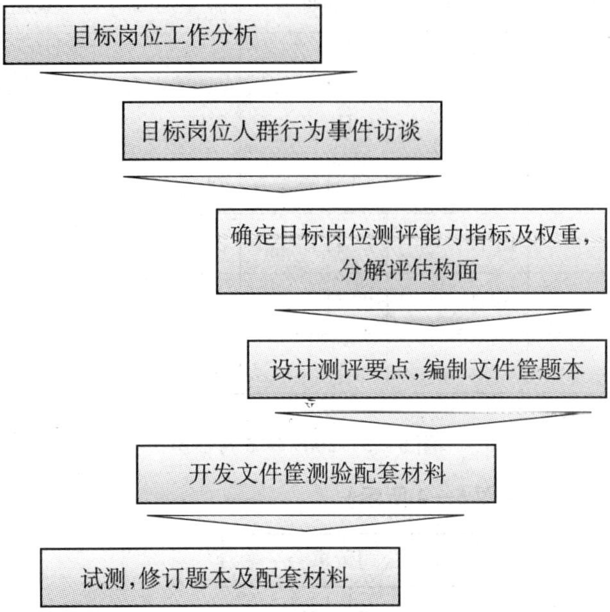

图 5—2　文件筐开发流程

3. 题本及配套文件样例

文件筐题本样例

虚拟背景说明

A 公司是某集团的成员单位，位于东北某地，是在集团区域性运营战略转变的背景下孕育而生的，于 1999 年 3 月 20 日正式注册成立。A 公司下属某电站规划建设 4 台 100 万千瓦级或更大容量的机组，目前一期 2 台 100 万千瓦的机组已经于 2007 年 6 月全部建设完成，并同时开始投入运营。而二期 2 台 100 万千瓦的机组也正在建设之中，预计分别在 4 年后和 5 年后建设完成。

…………

假设您是 A 公司总经理助理刘存志，您于 2009 年 4 月 26 日得到集团的通知，接替原总经理陈思政的职务，在接下来的 6 个月中，您将作为 A 公司的总经理处理工作事务，直到集团做出正式任命的决定。您在心理上已经做好了代理总经理职务的准备，同时您也深知获得该职位的正式任命对于您有非常重要的意义，并且将成为您职业生涯中的一个重要里程碑。

按照集团要求，您将从 2009 年 5 月份开始正式到 A 公司总经理岗位工作。

…………

假设今天是 2009 年 5 月 4 日上午 9：00，是您第一次以总经理的身份走进总经理办公室。

…………

2009 年 5 月份日历（如图 5—3 所示）

2009 年 5 月

星期日	星期一	星期二	星期三	星期四	星期五	星期六
					1 日 国际劳动节	2 日
3 日	4 日 五四青年节	5 日	6 日	7 日	8 日	9 日
10 日	11 日	12 日	13 日	14 日	15 日	16 日
17 日	18 日	19 日	20 日	21 日	22 日	23 日
24 日	25 日	26 日	27 日	28 日	29 日	30 日
31 日						

注：阴影部分为公共假期。

图 5—3　2009 年 5 月日历

A 公司组织结构图（如图 5—4 所示）

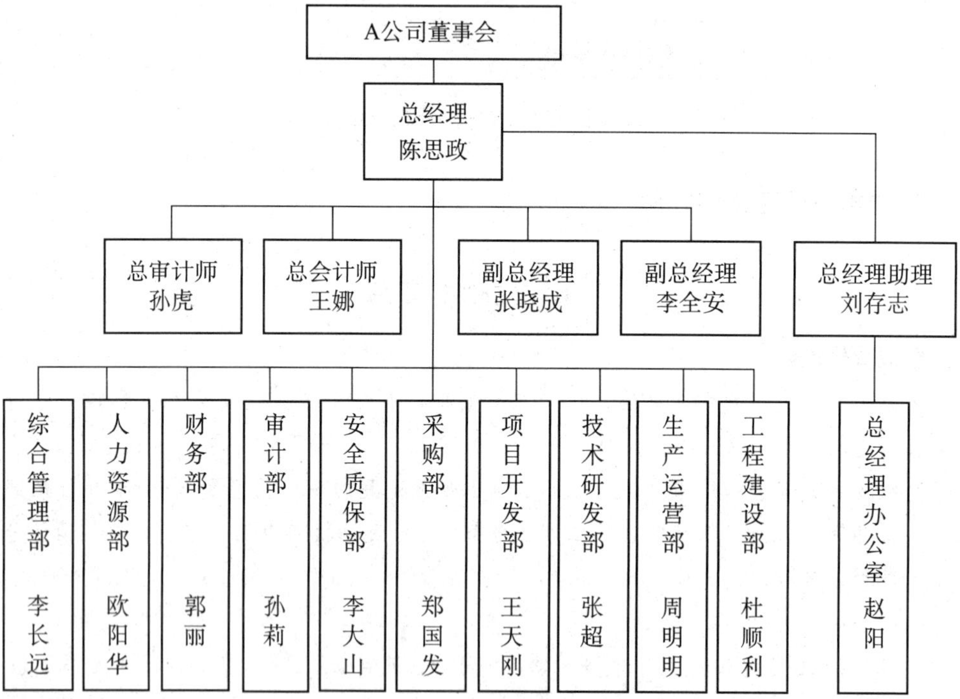

图 5—4　A 公司组织结构图

文件 1：

（文件形式：E-mail）

收件人：总经理信箱

发件人：安全质保部　李大山

日期：2009 年 4 月 20 日

主题：X 型阀门问题

总经理：

您好，我是安全质保部的李大山，冒昧给您写信是想向您反映一个问题。您知道我们的X型阀门隔不久就会出现渗水现象，维修部经常要动员大量人员维修、更换，给我们的工作造成不便。但前段时间我在查阅文献资料时发现美国亚利桑那州帕洛弗迪核电站的一名研发人员已经解决了这项难题……

…………

您的处理意见：

…………

您的处理理由及依据：

…………

文件8：

（文件形式：语音留言）

陈总：

老朋友，给你说件事，你公司副总经理张晓成曾多次来信申请调回集团总部，不知道你是否知道此事？目前，集团战略规划部尚缺一名总经理助理……

…………

您的处理意见：

…………

您的处理理由及依据：

…………

4. 文件筐指导语样例

您好！欢迎您参加某集团的测评活动。现在您要完成的测验项目是“文件筐测验”。

“文件筐测验”是工作情景模拟活动的方式之一。它通过向您介绍一种模拟的工作情景，让您“扮演”一个给定的角色，在规定的时间内处理一批公文，从而了解您在模拟情景下的工作能力，并根据您的这种表现来推断您在真实工作情景中的潜力和胜任能力。评委将就与您应聘岗位有重要关联的能力素质对您进行评价。

所以，您在测验过程中必须态度认真，尽快进入角色，设身处地地按要求对公文做出适当处理，充分展示您的才能与优势。

在文件筐测验中，您必须注意以下几点：

(1) 您必须对所有的文件给出自己的处理意见（或方案）及处理理由，写在对应的“处理意见”和“处理理由及依据”栏内（若纸的正面不够，请写在背面）。

(2) 对于文件的处理意见（或方案）及理由，要求语言表述准确、清晰，以便相关部门能按您的意图执行，但不宜过分简单。

(3) 凡须交下属执行的，请注明承办部门、相应的处理原则或方案；凡须答复的函电，请写明内容要点，以便秘书为您拟稿或答复；凡须召开会议或召见人员的，请将时间、主题、大致内容、参加者批示给秘书，以便秘书通知安排。

(4) 如果需要在文件处理时写明日程和时间，请参照情景假设中的日程设定。

(5) 您必须在60分钟内完成所有文件的处理。

对于活动规则您还有什么问题吗？如果在过程中有任何问题，可随时问我。

现在的时间是……好，现在开始！

(55分钟后提醒)

离结束时间还有5分钟。

(60分钟后)

好，时间到，请停笔，将所有的文件、答题纸、笔等放到桌子上。然后请对照自己的测评流程表，进入下一个测评环节。

5. 文件筐评分表样例（如表5—3所示）

表5—3　　文件筐评分表样例

候选人姓名：______ 性别：______ 所在部门：______目标岗位：______ 日期：______ 评委签名：______

评分标准（分）：优秀（8～10）；良好（6～7）；中等（4～5）；较差（1～3）

评价指标	评价构面/关键点	评分等级	评分	补充记录
战略思维	● 对行业信息的关注程度	□优秀 □良好 □中等□较差 □无表现		
	● 对组织战略的关注程度	□优秀 □良好 □中等□较差 □无表现		
	…………	□优秀 □良好 □中等□较差 □无表现		
推进执行	● 对战略或任务的理解	□优秀 □良好 □中等□较差 □无表现		
	…………	□优秀 □良好 □中等□较差 □无表现		
系统思考	● 分析的深入程度	□优秀 □良好 □中等□较差 □无表现		
	…………	□优秀 □良好 □中等□较差 □无表现		

6. 文件筐参考答案样例（如表5—4所示）

表5—4　　文件筐参考答案样例

文件号	主题	推荐的行动方案	测评指标
1	安全质保部李大山来信期望公司支持他自主研发X型阀门的改进技术	● 回信答复 ● 表扬其自主创新精神 ● 能够意识到目前组织对创新的鼓励不够 …………	● 选才育人
2	…………	…………	● 大局观 …………
8	副总经理想调回集团总部	● 回复老朋友，表示不同意调回去 ● 请秘书了解其想回去的原因 …………	● 推进执行 …………

7. 文件筐报告样例

阅读须知

A. 测评目的

围绕某公司高层管理人员评估模型的要求，对候选人的核心管理潜能、综合能力进行评价和描述，并针对性地提出发展建议。

B. 推荐等级

围绕某公司高层管理人员评估模型，根据候选人的测评结果、在所有被测者中的综合排名，以及在测评活动中的行为表现，对候选人在某公司的管理发展潜质给出等级评定：

★★★★★：候选人发展潜质极高，强烈推荐进行重点培养。

★★★★☆：候选人发展潜质较高，积极推荐进行重点培养。

★★★☆☆：候选人发展潜质基本符合要求，推荐进行重点培养。

★★☆☆☆：候选人发展潜质有明显不足，暂不推荐进行重点培养。

★☆☆☆☆：候选人基本没有体现出发展潜质，不建议列为重点培养对象。

C. 报告使用须知

● 由于测评时间有限，本报告仅根据被测者在测评过程中的表现做出评价。

● 请将本报告中的测评结果作为整体看待，不应过分强调局部的特征。

● 本报告中的推荐等级仅根据高层管理人员评估模型做出，若目标岗位为其他，推荐等级并不完全适用。

● 如若需要根据本报告做晋升或其他任用决策，建议将本报告与被测者的工作绩效、职业背景及公司战略目标等相关材料综合使用，作为最终决策的依据，从而提高用人准确性。

● 若被测者的职位或工作环境发生巨大变化，或距离测评时间过长（1 年以上），将本报告用作决策参考时，须慎重考虑其有效性。

● 本报告为保密文件，须与其他常规人事文档分开保管，严格控制本报告的传阅。

综合评价（如图 5—5 所示）

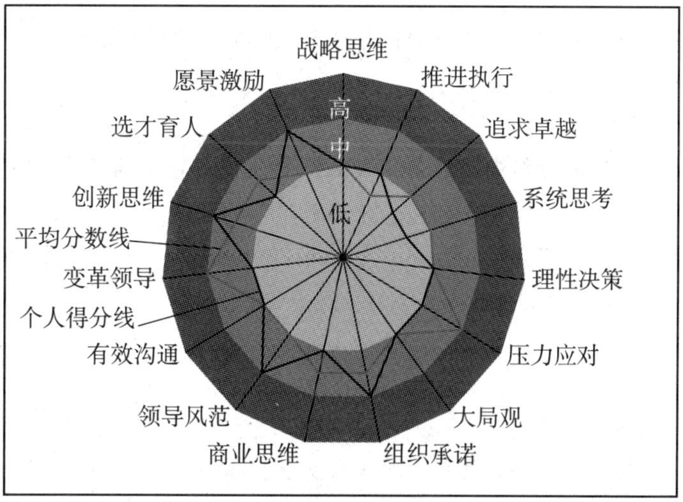

图 5—5　文件筐测验综合评价图

个人特点简述

A. 典型特点

B. 管理风格

- 思维逻辑性强，善于总结归纳。
- 为人积极进取，有较强的目标感。
- 做事细致认真，非常重视细节。
- 善于表达，乐于倾听。
- 依赖经验和常规做法，缺少创新。
- 不太关注潜在问题和风险，执行过程监控力度不足。
- 不善说服他人，影响他人的意愿没有体现。
- 不善控制整体局面。

评价结果（如表5—5所示）

表5—5　　评价结果

优秀素质	胜任素质	待发展素质
组织承诺、领导风范、创新思维、愿景激励	战略思维、执行推进、理性决策、大局观、商业思维、有效沟通、变革领导、选才育人	追求卓越、系统思考

综合分析××先生的测评结果……

因此，推荐其作为重点培养的对象。

综合评价：★★★☆☆

发展建议

根据测评结果，××先生有较明显的管理倾向、技术倾向，为复合型人才，但没有表现出突出的倾向性。针对其不足之处及未来发展需要，我们提出如下发展改进建议。

A. 工作实践方面

- 进行任务和资源分配时，想想如何与每个人的发展计划相结合。
- …………

B. 项目学习方面

- 全面、详细地了解组织中有关员工发展的特定流程，明确各个岗位的职责要求以及能力要求。
- …………

C. 培训课程方面

- 企业培训与发展。
- …………

D. 个人提升方面

- 明确您个人的发展计划，特别标明未来发展目标……

个人能力素质测评结果详细报告（如表 5—6 所示）

表 5—6　　　　　　　　个人能力素质测评结果详细报告表

<table>
<tr><td rowspan="2">战略思维</td><td>对行业信息的关注程度</td><td></td><td>思维的前瞻性</td><td></td><td colspan="6">评分：　　分</td></tr>
<tr><td>对组织战略的关注程度</td><td></td><td></td><td></td><td>低于</td><td></td><td>匹配</td><td></td><td>高于</td><td></td></tr>
<tr><td colspan="11">评价语：
面对分歧时，能从整体目标角度考虑分歧或矛盾；
能积极贡献自己的观点和想法，提出建设性建议以提高团队任务解决质量；
决策失误或判断出错时，不为自己的决策后果或工作责任找借口，不推脱责任。</td></tr>
<tr><td rowspan="2">推进执行</td><td>对战略或任务的理解</td><td></td><td>目标的分解与落实</td><td></td><td colspan="6">评分：　　分</td></tr>
<tr><td>结果导向</td><td></td><td></td><td></td><td>低于</td><td></td><td>匹配</td><td></td><td>高于</td><td></td></tr>
<tr><td colspan="11">评价语：
…………</td></tr>
</table>

8. 文件筐评价标准样例

等级评价原则

定级标准

合格线 6 分，优秀线 7.5 分。

定级原则

候选人星级共分五级，最低为一星，最高为五星。根据被测者的表现，具体的定级原则如下：

(1) 三星以上。

基础判断标准。核心指标须均达到合格及以上标准。

晋级标准。

- 五星：至少有 10 个以上的优秀项，其他指标均在 7 分以上。
- 四星：至少 10 个指标在 7 分以上（其中至少含 5 个优秀项），至多允许 1 个不合格项。
- 三星$^{+}$：至少 8 个指标在 7 分以上（其中至少含 2 个优秀项），至多允许 2 个不合格项。

(2) 三星标准。

基础判断标准。不合格指标数不超过 3 个，绝大多数指标得分为中等（6 分以上 7 分以下）评价。

特殊情况处理。在有突出优势可补充的前提下，至多允许 4 个。

(3) 三星以下。

- 三星$^{-}$：基本符合三星标准，但合格指标的分数为 6.5 分及以下，可酌情判为三星$^{-}$。如绝大部分为 6.5 分及以下（仅有 3～5 项为 6.5 分以上），则判为二星$^{+}$。
- 二星：不合格指标总数在 6 个以上。
- 一星：一半及以上指标不合格。

在整合所有小组评价结果后可能会根据具体情况进行调整。

三、文件筐组织实施

1. 时间要求

文件筐测验题本一般包括虚拟背景、组织架构、身份背景、工作任务和需处理的文件，其中的主体部分是5～20份待处理的文件，需要1～3个小时。

2. 人员要求

（1）测评人员要求。

A. 纸笔测试。

人数：1位。

角色：主考官。

- 负责宣读测试指导语和测评注意事项。
- 回答被测者关于测试方法和内容的相关疑问。
- 负责文件筐测试进程的控制。

B. 评分。

人数：2位。

角色：评委。

文件筐测验对评委的要求：

- 熟悉企业的基本情况，对目标岗位的内涵理解深入。
- 了解文件筐测验的理论和实践依据。
- 熟知测试题目的各种可能答案及题目之间的内在联系。
- 明确题目的评分标准及测试要素的定义，并与其他评委达成一致。
- 评委应当在测试前得到充分的培训。
- 能够对被测者进行独立、客观、公正、审慎的评价。

（2）工作人员要求。

人数：1位。

工作内容：

- 按照要求布置测评现场，通知被测者准时到测评现场并核对被测者身份。
- 根据主考官要求发放题本，指导被测者正确填写个人信息。
- 维持测评现场的秩序，保证测评活动正常进行。
- 测验过程中不能随意出入测评现场，并禁止闲杂人员进入。
- 测验结束后，根据评委的示意及时收回全部被测者题本，核对个人信息和文件数量，妥善保存。
- 测验结束后将被测者带离测评现场。

（3）被测者要求。

人数：可根据测评活动总体安排和测评场地的情况，全部同时进行或分组进行。

测评须知：

- 按时到达指定场地。

● 无须准备，但在测评活动中应积极进入角色，全力投入。

● 仔细阅读测评指导语，明确测评注意事项。

● 独立处理文件，不允许交流讨论。

● 不允许向主考官提与测评内容有关的问题。

● 测验过程中不能随意出入测评现场，并保持通信工具等不干扰测验。

● 不允许将与测评相关的材料带出测评现场。

● 遵守有关的保密要求。

（4）考场要求。

文件筐测验对考场要求也较高，考场应尽可能地模仿被测者的日常办公环境，使被测者有身临其境的感觉，让其在最自然真实的情景下呈现出日常工作的行为表现与行为特点。但在被测者较多的情况下，没有环境来支撑高模拟工作情景，这时要保证测评场地的大小能够保证文件筐测验同时进行或分批次进行，保证每个被测者有独立的答题空间，相互之间没有干扰。

3. 组织与实施流程

（1）测评前准备。

● 确定参与文件筐测验的对象与人数。

● 开发文件筐测验题本、配套文件（指导语、评分表、评价标准、参考答案、报告模板等）。

● 确定评委、工作人员。

● 开发组织实施流程配套文件与表格（工作人员安排表、被测者信息登记表、考场物料清单等）。

● 选择与布置考场。

● 提前通知被测者，并安排相应人员签到、接待。

● 把被测者集中到考场。

（2）测评中流程。

● 主考官示意工作人员分发题本。

● 主考官宣读文件筐测验指导语。

● 被测者按照指导语要求处理文件。

● 测评结束前半小时提醒被测者注意控制时间。

● 主考官宣布测评时间到，测评结束。

（3）测评后工作。

● 工作人员收回题本、核对信息。

● 引导被测者离开考场。

● 密封、装订试卷（可选择）。

● 评委阅卷、评分、给出排名与评价。

● 撰写报告（可选择）。

● 公布成绩（可选择）。

● 给予被测者反馈（可选择）。

4. 组织实施流程配套文件样例

在文件筐测验的组织实施过程中，会涉及一些表格，如工作人员安排表、被测者信息登记表、考场物料清单等，下面列举部分表格样例（见表 5—7 至表 5—10）。

表 5—7　　流程配套表格 1

工作人员安排表

序号	姓名	职责	联系电话	所属单位

表 5—8　　流程配套表格 2

被测者信息登记表

序号	姓名	考号	身份证号	目标岗位

表 5—9　　流程配套表格 3

文件筐测验考场布置及物料清单

考场布置	所需物料
考场外显眼处设有路线指引牌	考场路线指引牌
考场内安装监控设备	考场配置摄像机
考场入口处张贴考场名称标签	考场名称标签
标语条幅挂在视频会议系统摄像范围内	××公司××竞聘（选拔）文件筐测验考场
考场按照文件筐测验考场布置图布置好	桌椅数量是当天考试的人数加考官数
考场显眼处设有时钟	时钟
被测者桌上尽量模拟真实办公场景，可备有草稿纸、水、日历、电话、笔筒等	草稿纸、水、日历、电话、笔筒

表 5—10　　流程配套表格 4

文件筐测验成绩汇总表

序号	姓名	考号	成绩	排名

四、文件筐评分与评价

在文件筐测验的发展过程中，其中主要的一个制约条件是评价缺乏可靠性以及评分过程复杂，这极大地限制了文件筐测验的进一步广泛应用。针对文件筐计分方式进行的尝试与研究也一直在进行，目前研究较多的是自我报告系统、行为清单法等计分方式，但都存在一定的缺点，以图式驱动理论为基础的参考框架式评价是比较有效的评价策略，能够拥有更高的评价者一致性。

1. 评分原则

(1) 评委应于评分之前熟悉本次文件处理的参考答案和评分要点。

(2) 保证每一被测者的文件要经过至少两位评委的评阅（每一位被测者的文件必须由两个或两个以上的评委共同批阅，也可以让几位资深的评委负责批阅所有的文件，这样有利于保证总体的批阅标准比较统一，也可以减少由于评委本身的素质差异对文件批阅的影响）。

(3) 同一种能力的评价还应在不同被测者之间进行对比，保证评分尺度的统一。

2. 评分模式

(1) 评委独自评阅几位被测者的文件处理结果，收集相应的典型行为，给出初评分。

(2) 各位评委进行评分讨论，平衡个人之间的差异，在此基础上分别给出终评分，整理出相应的典型行为。

(3) 如果安排评委分组批阅文件，当每一评委批阅完第一份文件后，要及时进行交流，修订参考答案和评分要点，并就评分标准达成一致意见。

3. 具体评分方法与技巧

(1) 初评时应首先通读被测者的整份文件，得出一个总体印象和评价，然后再就某个指标翻看不同文件找出具体的行为证据，在此基础上进行评分。

(2) 评分时遵照就高不就低的原则，即当被测者的某项能力在不同文件中的表现优劣差别较大时，评委应首先判断该项能力所依赖的情景是否有较大的差异，在差异不大的情况下，考虑到处理文件的时间压力等问题，取较优表现作为定性评价和评分的依据；当该项能力所依赖的情景有较大的差异时（如同样是沟通能力，一个情景是考察对外沟通，另一个情景是考察内部沟通），应予以分别考虑，综合评分。

(3) 每个文件可以同时考察几个指标，但是每个文件都会重点考察某一个或两个指标，评委对某项能力进行评分时可首先参考重点考察该指标的文件处理情况，同时参考非重点考察该指标的文件的处理情况，然后进行综合评价。

(4) 在评分过程中，将被测者较好的处理方式及时补充到参考答案中。

4. 评分注意事项

(1) 在文件筐评分中，评分参考答案不是唯一正确答案，要根据被测者的处理依据或理由判断其处理方法是否合理，处理措施是否得当。

（2）对于处理比较简单、处理依据或理由描述也比较简单的情况，应该在两位评委充分讨论的基础上打分，并在最终评价意见中注明原因和“须参考其他评价方法予以评价”，有时也可结合面谈对处理比较简单的情况进行澄清，在此基础上重新进行评分。

（3）当被测者多份文件没有按时处理完成时，应先就已处理的文件进行评分，最终就被测者的“统筹规划”或者“计划能力”等给出补充评价。

评分常见误差及控制见表5—11。

表5—11　　评分常见误差及控制

常见误差	典型特点	误差控制建议
趋同效应	第二评委评分时参照第一评委的评分结果，两位评委评分基本一致。	初评分时，两位评委均独立打分，互相不通报评分结果。
光环效应	由于被测者写得比较详细、字数较多就认为其能力水平较高，写得少或字迹潦草就认为其能力水平较差。	严格遵守标准评分，辨别其所写内容是否有价值。
过分量化	将被测者的处理情况与参考答案和评分要点一一对应，以绝对数量作为最终定性评价的标准。	总体评价，多证据情况存在时参考重点文件，应用“就高不就低原则”。
误解创新	当被测者的某一处理措施为参考答案中未出现的措施时，即认为其为创新措施。	评委须同行业专家或企业内部专家讨论，辨别该行为是否为行业内或企业内的通用做法或已有做法。

第三节 无领导小组讨论

一、无领导小组讨论概述

小组讨论，是指将数名被测者集中起来组成小组，要求他们就某一问题开展不指定角色或指定角色的自由讨论，评委通过对被测者在讨论中的言语及非言语行为的观察来对他们做出评价的一种能力评价方法。

无领导小组讨论（leadless group discussion，简称LGD）是小组讨论的一种形式，所谓“无领导”是指参与讨论的所有被测者在讨论问题时都具有平等的地位，并没有哪一个人被指定为小组的领导者或讨论活动的主持人。LGD的前身——“圆桌讨论”被认为是评价中心方法的起源，德国军事心理学家曾经在第二次世界大战期间使用这种方法来挑选具有领导和指挥潜能的军官。发展到今天，LGD作为评价中心的主要组成部分之一，在国内外的评价中心中都具有很高的使用频率和重要的地位；尤其在国内，LGD已成为国家公务员考试的测验工具之一。这种角色平等的群体内部自由讨论的形式之所以能够在形形色色的各类测评中获得广泛应用，与其“无领导”的特点是分不开的。国内许多学者已经通过实证研究，证明了LGD在能力测评方面的有效性。

二、LGD的类型

基于不同的应用目的，可以按照两种不同的分类方法划分LGD的类型。

根据讨论背景的情景性，LGD可以分为无情景的LGD和有情景的LGD。有情景的LGD是将被测者置于某种假设情景中进行讨论，而无情景的LGD是让被测者根据一个开放的题目进行讨论。

根据角色是否预先确定，LGD可以分为设定角色的LGD和不设定角色的LGD。设定角色的LGD是为每个被测者分配一个固定的，但彼此地位平等的角色，被测者必须履行该角色的责任并完成相应的任务；而不设定角色的LGD中，每个被测者都仅仅是讨论的参与者，不存在任何特定的角色责任和任务。

三、LGD的特点

1. LGD的优势

按照现代人才测评理论的观点，人的行为和工作绩效都是在一定的环境中产生和形成的。对人的行为、能力、个性等素质特征的观察与评价，不能脱离一定的环境，所以要想准确地测评一个人的素质，则应将其纳入一定的环境系统中，观察分析被测者在该环境下的行为表现，这样才能全面考察被测者的多种素质特征。这正是LGD测评技术的理论基础和开发原理。因此，与其他测评方法相比，LGD有下面几个主要特点。

（1）被测者在测评活动中存在很强的人际互动。

与其他方法相比，人际互动性强是LGD的一个极为显著的特点。虽然许多情景模拟技术如角色扮演等都涉及人际交流和沟通，但LGD无疑是在人际互动中最能够展现被测者个人风格特点的一种测评方法。因此，LGD特别适用于那些经常与人打交道的岗位人员的选拔，比如中层管理者、人力资源部员工和销售人员等。LGD不仅有助于观察到被测者在相互启发的情景中的行为特征，而且能使被测者在相对无意之中暴露自己各个方面的真实特点。

（2）独特的能力考察维度。

LGD上面的这个特点决定了它可以获得被测者三个方面的能力：一是其在团队中的社会和人际方面的能力，如沟通能力、组织协调能力、合作意识、团队精神、影响力等；二是其解决问题的能力，包括探索和利用信息、分析判断、理解以及创新等；三是其个性特征，如自信心、独立性、灵活性、情绪稳定性等。由于LGD可以考察一些笔试和面试不能考察或难以考察的能力或素质，因此在实际的测评活动中，尤其是中高层管理人员的测评中，往往将LGD与其他测评方法结合起来，以更加全面、深入地掌握被测者的真实能力。

（3）测评效率高。

由于LGD是一种群体性的测评活动，因此当需要在短期内评价较大数量的人员时，如在大型企业的集中性校园招聘活动中，LGD能够有效地节省测评组织方的时间。同时，在招聘或选拔活动中使用LGD，还可以在一次测评中，对竞争同一岗位的人员的现场表现直接进行横向对比。被测者的能力在同台竞技的情况下立分高下，显然这样的结果更有助于招聘或选拔单位做出决策，从而使整个招聘或选拔活动的效率得以显著提升。

表5—12总结了LGD的特点及各个特点在企业人力资源管理实务中可能的针对性应用。

表5—12　　LGD的特点与针对性应用

特点	针对性应用
人际互动性强	适用于经常与人打交道的岗位人员的选拔，比如中层管理者、人力资源部员工和销售人员等
独特的能力考察维度	将LGD与其他测评方法结合起来，可以更加全面、深入地掌握被测者的真实能力
测评效率高	大规模校园招聘、多人竞聘同一岗位等

2. LGD的难点

虽然具有上述诸多特点，但与此同时，在LGD的实施和应用中，也存在一些不可忽视的难点：

（1）制定评分标准和评分均较为困难。

在实施LGD测评前，必须首先确定评分标准。通常在评分时，评委都需要根据预先指定的不同的维度对被测者的能力进行评价。在定义能力的评价维度时，应当清晰、明确，并且避免概念上的重叠和混淆，但这一点往往很难完全做到。另外，评分标准中的内容如果需要评委通过主观分析判断，甚至推测才能获得，势必会严重削弱测评的客观性。最后，不同的评委还可能对评分标准（即被测者的表现与评分之间的对应关系）存在不同的理解。

（2）对评委的要求很高。

LGD的评委必须接受专门的培训，否则难以做出准确、有效的评定。评委的主观性、偏见和误解，可能导致对被测者评价的偏颇或不一致性。

（3）对于讨论题目要求高。

题目若太容易达成一致意见，则很难全面考察被测者；若太难则冲突太大，很难达成一致，被测者也可能因为压力过大而表现失当。除了题目难度外，在实践中还有许多其他因素会影响到LGD的测评结果。在下一小节中，我们将对LGD题目的开发进行专门介绍。

（4）被测者的表现受同组其他成员影响。

这是LGD人际互动性强的一种后果，它可对测评结果的准确性产生负面影响。这种影响存在许多不同的表现形式。例如，一个思维清楚但不善言谈的人如果与几个言语表达能力很强的人分在一组，就可能会显得迟钝木讷；若分到一群同样不善言谈的人中，给他更多发言的机会，他敏捷的思维就会脱颖而出。又比如，如果被测者本身存在着上下级或同事等关系，在我国“以长为尊”、“以和为贵”的传统文化背景下，许多人可能不再会积极、主动地展示自己的真实思想等。

表 5—13 总结了在企业人力资源管理实践中使用 LGD 的部分难点，并提出了一些可能的解决方案。

表 5—13　　LGD 的难点及解决方案

难点	解决方案
制定评分标准和评分均较为困难	● 可考虑引入素质模型或评估模型 ● 评价内容行为化 ● 先定性（分等级），后定量（打分数）
对评委的要求很高	● 对评委进行培训，统一评分标准 ● 多人评价，减少主观性 ● 全程录像，便于回顾和研讨 ● 可考虑引入第三方专业测评咨询机构
对于讨论题目要求高	● 基于测评目的，进行针对性的开发 ● 反复对题目进行讨论和修订
被测者的表现受同组其他成员影响	● 了解被测者基本情况 ● 基于测评目的，认真思考和设定 LGD 的分组原则 ● 基于测评目的，使用 LGD 时，结合其他测评方法，综合不同测评方法的结果做出评价

四、无领导小组讨论题本开发

一套完整的 LGD 题本，至少应包括三类文档：讨论题目、评分表和实施指南或技术手册。其中，题目和评分表每次都必须针对具体的测评目的和要求，进行针对性的设计、开发；而实施指南或技术手册是对 LGD 组织、实施过程的指导和说明，通常不会有大的变化，在实施 LGD 前根据实际情况进行一些必要的修订即可。一般来说，在技术手册已经成型的情况下，LGD 题本的开发要经过以下几个步骤：确定评价指标、素材收集、案例筛选、选择题目类型、编制题目、专家研讨、设计评分表、试测检验、题目修订和定稿（如图 5—6 所示）。

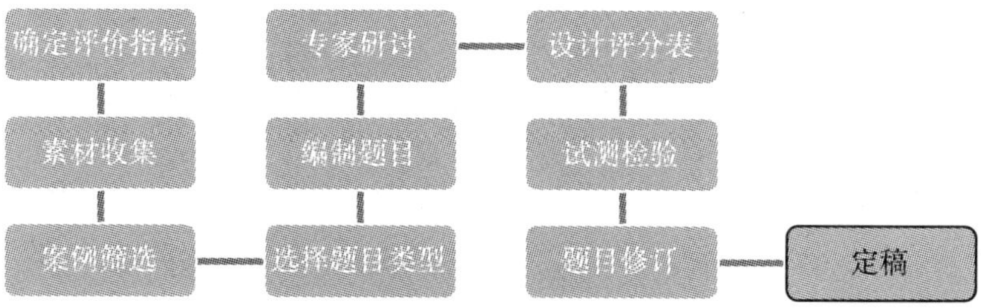

图 5—6　LGD 题目设计流程图

1. 确定评价指标

一般来说，对能力素质的测评都是围绕某一个或某一类工作的要求而进行的，因此应针对胜任此目标工作所需要或应该具备的能力、特质，确定和设计 LGD 的评价指标。工作分析是发现和明确评价指标的主要手段。常见的工作分析方法可能包括访谈、岗位相关文件（如岗位说明书和述职报告等）分析等。

在确定评价指标时，应细化指标要素并界定其内涵，避免指标解释之间存在交叉，导致评分时的困扰。如有可能，建议在此处引入素质模型，以提高评价指标的质量。

应根据 LGD 特点避免选择适用性不强的评价指标。有些素质可能并不适合用 LGD 测评，需要用其他的测试方法。比如“学习能力”中类似“举一反三”、“融会贯通”这样的能力就难以在 LGD 中得到展现，却可以在情景化面试中通过行为事件访谈技术获取信息并进行评价。

另外，根据岗位的需要，评价指标应以 4～6 个为宜。在测评过程中，如果要考察的指标过多，首先会分散评委的注意力；同时，过多的指标不仅会扩大评价结果的差异性，还可能会增加评价的主观性。国外的一项研究证实，LGD 中评价指标的数量越多，评价结果的信度、效度越低，一般不宜超过 6 个指标。

2. 素材收集

可以查看与工作有关的记录文件来获得相关案例素材。案例应该能够体现出目标工作的典型情景，这个步骤在实践中一般可以与工作分析一并完成。

3. 案例筛选

结合选定的评价指标，甄别和筛选收集到的案例素材，从中选出满足下列基本特征的案例，作为讨论题目的情景背景和结构框架的重要参考。

（1）矛盾性。

由于争论越多，被测者表现的机会就越多，暴露的不自觉行为也越多，就越容易看出个体之间的差异，所以，LGD 题目设计中的要点之一是保证讨论材料中要包含足够的矛盾冲突。实践表明，所讨论的问题中隐含矛盾冲突的大小直接影响测验的效果。

（2）难度适当。

提供的材料或者话题难度要适中，这也是为了使被测者有话可说，有充分的机会表现。如果过于简单，可能不用深入讨论就会达成一致意见，使评价者无从评价；如果太难，可能会对被测者产生额外的压力，影响被测者正常水平的发挥。可以说，刺激材料的难度对于被测者在测验中的表现有决定性的影响。难度是否适合，可以在试测阶段予以印证。

4. 选择题目类型

目前比较流行的 LGD 题目形式包括 5 类：开放式问题、两难问题、多项选择问题、操作性问题、资源争夺型问题。这几种类型题目的定义、考察要点以及特点可以通过表 5—14说明。

表 5—14　　LGD 题目类型一览表

问题类型	定义	考察要点	举例	特点
开放式问题	答案的范围可以很广很宽，没有固定答案	全面性、针对性、思路清晰、新见解	您认为什么样的领导是好领导？	● 容易出题 ● 不太容易引起被测者之间的争辩
两难问题	在两种互有利弊的答案中选择其中的一种	分析能力、语言表达能力以及说服力	您认为以工作为取向的领导还是以人为取向的领导是好领导？	● 编制题目比较方便 ● 可以引起争辩 ● 两个答案要保持均衡
多项选择问题	从多种备选答案中选择其中有效的几种或对备选答案的重要性进行排序	分析问题实质、抓住问题本质方面的能力	某信息中心收集了 20 条信息，只能上报 8 条，请讨论出结果	● 难以出题目 ● 较容易形成争辩
操作性问题	给被测者一些材料、工具或者道具，设计出一个或一些由考官指定的物体	主动性、合作能力以及在实际操作任务中所充当的角色	给被测者一些材料，要求他们相互配合，构建一座铁塔或者一座楼房的模型	● 主要考察操作能力 ● 不太容易引起争辩 ● 对考官的要求和题目的要求比较高
资源争夺型问题	适用于指定角色的无领导小组讨论，让处于同等地位的被测者就有限的资源进行分配	语言表达能力、分析问题能力、概括总结能力、反应的灵敏性、组织协调能力等等	如让被测者担当各个分部门的经理，并就有限数量的资金进行分配	● 可以引起被测者的充分辩论 ● 对讨论题的要求较高 ● 要保证案例之间的均衡性

资料来源：根据 http：//www.gkstk.com/article/wk-4682621052651.html 上的内容修订整理而成。

通过表 5—14 不难看出，开放式问题和操作性问题不易引起被测者之间的争辩，除了特殊情况，一般不考虑使用。两难问题由于对出题的要求过高，且考察的要素相对简略，过程不容易控制，应尽量避免使用。所以，在一般的甄选过程中，特别是甄选组织的中高层管理人员时，更多地应该考虑使用多项选择问题和资源争夺型问题。这两类问题在实践过程中有相通之处，一般来说，相同的材料可以变成这两种题型中的任何一种。当然，这两种题型对题目编制的要求比较高，特别是资源争夺型问题，一定要保证案例或者角色之间的均衡性，这一点尤为重要。

5. 编制题目

虽然有了案例素材，但在撰写题目的初稿时仍然需要特别关注信息的来源。信息来源按照重要性可以分为以下几种：

（1）与人力资源部门沟通。熟悉组织的运作方式和方法，收集空缺职位的基本信息、所需要的素质、最低的资格要求，并且将其作为衡量材料难度的一个参考点。

（2）与主管沟通。只有组织的主管最熟悉空缺职位的信息，可以采用深度访谈的方法，事先拟定提纲，然后有根据地收集关于日常工作的信息，保证重要信息不被疏漏。

（3）查询相关信息。通过互联网、图书馆等一些可以利用的资源，根据讨论出来的原则收集资料。

6. 专家研讨

在写出题目初稿之后，应该在试测前把方案提请有关专家进行初审，这样做的好处是尽量消除题目设计中的常识性错误，减少试测的次数。在某些情况下可能还会得到更好的建议。在与专家研讨前应该注意以下几个要点。

(1) 谁可以作为专家。

可以作为专家的有两类人，一类是心理学家或者测评专家，另一类是部门主管。心理学家或者测评专家侧重审核选择的案例或者话题是否能够考察出需要考察的素质；部门主管侧重审核案例或者话题是不是在某种程度上和实际工作相关，适不适宜从事此类工作的人进行讨论。

(2) 研讨重点。

与专家重点研讨的内容一般会包括以下几个方面：

- 案例与话题是否与实际工作相联系。
- 案例与话题是否均衡（资源争夺型问题）。
- 案例与话题是否适合考察需要考察的素质。
- 案例与话题是否存在常识性错误。
- 案例与话题是否还有需要完善的地方。
- 是否有更好的建议（案例、话题、考察方式等）。

7. 设计评分表

一般评分表应包括这些要素：被测者编号、评委姓名、评价指标和标准、评委观察记录、评分范围、定量评价、评语评价。其中，评价指标及标准是对被测者在 LGD 中的行为给出定性等级和定量的分数的参照标准；评分范围则对各测评能力指标的评分区间进行说明。表 5—15 是一个评分表的样例。

表 5—15　　无领导小组讨论评分表样例

日期：________　时间：________

考场：________　组别：________　评委：________

评分标准（分）：优（7.5～9）　中（3.5～7）　差（1～3）　分数精确到 0.5

指标	沟通协调	分析思维	…………	…………
	沟通意愿……	逻辑性……	…………	…………
姓名：	分数：	分数：	分数：	分数：
行为记录				
姓名：	分数：	分数：	分数：	分数：
行为记录				

…………

续前表

总体评分原则（注：评委打分时应有一定的区分度）	
等级	评分标准
差（1～3）	候选人在所有维度均没有表现或表现较差
中（3.5～7）	候选人在所有关键维度均有中等表现，可根据部分关键维度与加分维度上的表现情况酌情加分
优（7.5～9）	候选人在所有关键维度上有中等以上的表现，可根据部分关键维度与加分维度上的表现情况酌情加分

8. 试测检验

初稿送请专家研讨之后，还需要进入一个关键步骤——试测。试测的效果直接关系到LGD题目设计的成败。一项设计，在没有经过实践之前，不能够说是成功的。无论前期工作做得多么充分、认真，LGD的设计中总会存在一些只有经过试测才能发现的问题或错误。

（1）试测前。

LGD试测前应该注意下面两个问题：

● 被测者的选择。各个组织都有自身的特点，甄选的目标人群也有层次上的差异，因此最佳的被测者应该和测验的目标群体存在某种程度的相似。

● 题目的保密。一套LGD题本的开发时间和成本都较高，因此在试测时应重视题目的保密。一方面，注意被测者的选择；另一方面，可与被测者签署保密协议。

（2）安排试测。

选择好被测者以后，安排试测时要着重注意以下几个方面的问题：

● 难度。LGD题目的难度评价可以通过观察参与者（这里称参加试测的讨论者为参与者，下同）理解材料的程度进行。这里面包含两个方面的观察，一是在规定的时间内（一般是5分钟）参与者是否在认真阅读材料，二是对材料的理解程度。如果绝大多数人在规定的时间内对材料理解基本到位，就可以认为是难度适中；如果绝大多数参与者没有经过认真阅读，很快就能理解材料，就可以认为难度较低，可以适当增加难度；如果绝大多数参与者在规定的时间内对材料的理解都不到位，那就说明材料难度过大。

● 平衡性。无论是多项选择型还是资源争夺型题目，材料内在的平衡性是关系到LGD测验是否有效的一个重要因素。如果材料不平衡，矛盾冲突可能就不是很激烈，参与讨论者的表现就不够充分，就难以对其做出适当的评价。

● 是否联系实际。由于真实的情景有助于被测者更好地投入讨论中，因此材料是否切合实际，也是能否引起足够争论从而保障评价效果的重要因素。

（3）试测反馈。

对试测的反馈包含三个部分：参与者的意见、评分者的意见和统计分析的结果。其中参与者的意见是案例修改和完善的重要依据。评分者的意见可以用来完善评分表和评分要素，也可以在一定程度上作为案例修改的依据。统计分析主要是确定试测的效果。如果难度合适，信度、效度统计分析的结果达到了预想的水平，就可以形成终稿。

● 参与者的意见。材料是不是很难理解，是不是令人有话可说，能不能引起足够的争论以及其他的一些感受，比如说是否使人感觉有压力、觉得很难被别人理解、自己不被人接受等，这些意见一般可以从侧面反映一些问题，可以直接应用于讨论材料的修正。

- 评分者的意见。评分者的意见主要是用来改进评分表和评分要点。
- 统计分析的结果。主要是分析信度和效度，如果达到了设计的要求，就可以考虑成稿了。若信度、效度尚未达到要求，则应综合考虑题本开发的时间和成本因素。如果时间和成本不允许，可以考虑在评分者一致性程度较高的情况下，形成终稿；如果时间和成本允许，可以精益求精，继续完善题本开发。

9. 题目修订和定稿

如果试测效果已经令人满意，就不需要进行修订；否则需要重新修订题目，再次进行试测。这个过程可能要循环几次，直至试测效果满意令人得以定稿。当然，一项工具的开发需要一个长期的完善过程。LGD 的题目应该从实践工作中来，再到实践中去接受检验，最终实现题本的动态完善。

题目样例

背景材料

天立燃气集团是一家大型能源分销商，1995 年成立于山东省，主要从事管道天然气等清洁能源的分销以及其他增值业务。今年 6 月，天立燃气集团与辽宁省某地级市政府合资成立了东阳燃气公司。东阳燃气公司的前身是该地级市的一家老国企，由于管理机制落后、不良资产多、人员包袱重等问题，其连年亏损。

东阳燃气公司成立后，企业性质由国企转变为股份制企业；管理团队由原国企高管和天立燃气集团调派高管共同组成。为了加强企业盈利能力建设，在短期内实现公司改制的平稳过渡，新任领导班子召开了季度绩效回顾会，会上，大家经过讨论列出了 12 条公司目前存在的突出问题：

- 现有管网设备老化，存在大量安全隐患。
- 原有职工对改制抱有抵触心理，导致改革阻力很大。
- 部门间合作不够顺畅，小利益群体各自为政。
- 市场开发缺乏规划性，对工业用气大客户的开发力度尤其欠缺。

…………

讨论任务

现假设各位是新任领导班子成员，请就企业目前存在的问题进行讨论，提出整体解决思路，并选出 5 条作为下半年改进的重点，给出具体的改进措施。

五、无领导小组讨论组织实施流程

1. LGD 的组织

（1）被测者分组。

LGD 是一种团体性的测评活动，当参与测评的人数很多时，需要将被测者分组后测评。对被测者进行分组是组织工作中非常重要的一个环节，分组中的严重失误甚至会导致整个测评活动的失败，一般可综合考虑下列因素进行。

● 人数。一般每组应分配 6～8 人。人数太少，组员之间争论较少，讨论不易充分展开；而人数太多，则有可能因为组员之间分歧过大，很难在规定时间内达成一致意见，无法完成任务。另外，如果人数太多，评委也观察不过来，会影响评价的效果。同时，建议一组被测者的人数是双数而不是单数。经验显示，这可以有效降低被测者通过投票表决而简单求得一致结论的概率。在 LGD 评定过程中，评委希望看到持久、热烈的讨论场面，这样才有利于评分。

● 年龄。注意不同年龄层次的搭配和比例，避免讨论过程中出现年龄原因产生的谦让，影响评价效果。

● 性别。每组中的女性不能少于两个，避免女性变成少数和弱势群体，或被其他男性被测者以"Lady first"为理由推出做记录人或者总结发言人，影响评价效果。

● 职位层级。职位层级（包括下属数量、拥有资源规模、员工数量等）应尽量接近，避免把一些具有上下级关系或职位层级差异较大的被测者安排在同一组中，使职位较低的被测者没有表现的机会或影响能力的发挥。

● 职位类别。最好不要把不同职位类别的被测者放在一组进行讨论，这样管理类的被测者可能会占优势。

● 所属部门。如果被测者均来自企业内部，同一小组内的被测者要来自不同的部门，彼此不熟悉，更有利于营造良好的讨论氛围。

● 个性特点。根据心理测评的结果，尽量把不同个性特点的被测者安排在同一组中，以免由于个性的差异影响讨论的效果。如不能把性格较外向的被测者都集中在一组，讨论较激烈，也不能把性格较内向的被测者都集中在一组，这样讨论气氛相对比较沉闷，这样既影响本组讨论的效果，也会造成组间的差异。

● 测评经验。应把曾经接受过 LGD 训练或者参加过 LGD、有经验的被测者放在一组，把没有此类经验的被测者放在一组。

（2）LGD 题目的准备。

在多组 LGD 先后实施的情况下，为防止前面的被测者在离场后将题目信息泄露出去，影响到后续被测者的现场行为表现，需要事先准备好备用题目。这就要求在题目开发时，至少开发两套类似的题目。在实践中，持续多日的多人测评一般会将被测者集中起来，进行封闭式备试。在这种情况下，应根据被测者封闭备试的周期（一般为半天或一天），为每个封闭周期开发至少一套试题。

（3）测评现场布置。

● 被测者席位呈扇形摆放。这一方面便于被测者之间相互交流，另一方面也能确保每一位评委能够观察到每一位被测者的表现，注意避免被测者席中间出现 V 字形，这样会出现领导者位置。

● 在被测者席摆放标有编号及姓名的席卡（有角色的小组讨论时另摆放标有角色名称的席卡）、A4 白纸 1～2 张（注意被测者的编号卡应为双面编号，摆放角度应保证评委能够清楚观察，同时保证被测者互相能清楚看到编号）。

● 白板一块、书写笔一支（可选）。

● 评委席与被测者席间距 4 米左右（不宜过近）。

● 评委席摆放标有“评委姓名”（或“评委”字样）的席卡。

● 记录员席和非评委观摩席应设于评委席后。

● 所有的席位如能铺设台布更显整洁和庄重。

LGD 测评现场布置如图 5—7 所示。

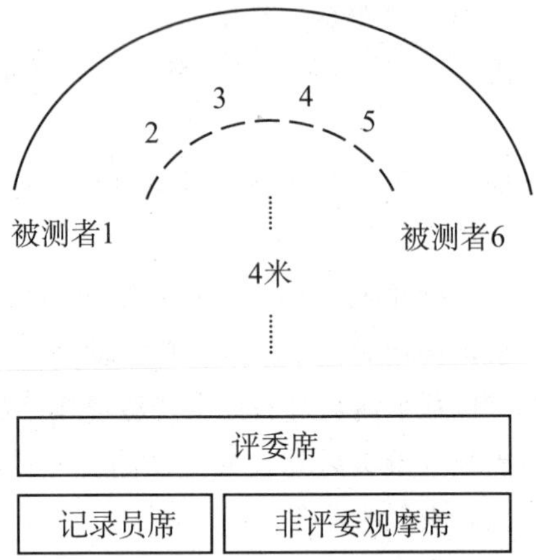

图 5—7　LGD 现场布置图

2. 明确 LGD 参与者的角色和职责

除被测者外，一般 LGD 活动中人员的角色都包括三类：主考官、评委和记录员。其中，主考官引导、控制整个 LGD 的过程；评委参与评分（在一些 LGD 操作中，某些经验丰富的评委也往往会同时担任主考官的角色；而在另一些 LGD 操作中，主考官是由专人担任的，并不属于评委成员，因此不参与评分）；记录员一般兼工作人员，除负责录音、录像外，同时也进行观察并记录典型行为（以便在评分阶段为评委的评价提供补充证据），并负责布置现场、引导被测者、维持现场秩序等组织性工作。

（1）小组讨论的主考官。

小组讨论中的主考官在 LGD 中承担了技术指导员和实施程序控制者的角色，在 LGD 的活动中以技术专家的身份指导相关工作，并有序组织、引导 LGD 测评实施程序。主考官在 LGD 活动中起着重要的作用，不但要引导控制 LGD 的操作程序，还要组织协调好评委评分的工作。因此主考官需要具备一定的资格，以保证 LGD 的顺利完成。主考官的资格要求及工作内容如下。

A. 主考官的资格要求。

● 熟练掌握 LGD 的实施程序。

● 熟练掌握小组讨论测评方法的实施技术及细节要求。

● 理解并掌握小组讨论指标的评分标准与评分方法。

● 有较强的沟通能力、应变能力和协调能力。

B. 主考官的工作内容。

● 按照 LGD 技术手册中的操作实施要求组织、引导和控制测评的进程，严格遵守指导语的操作规范，通过指导语去引导和控制测评的进程。主考官不可随意更改操作程序，不可随意更改指导语的内容。

● LGD活动实施前，主考官应指导和督促工作人员做好相关的准备工作：按照要求布置考场、准备测评题本和评分表格、通知被测者准时到考场、邀请评委就座，以及其他必需的准备工作。

● 在LGD开始时，主考官应宣读指导语，必须注意的是，LGD的指导语是分阶段宣读的，其测评进程主要通过指导语来加以控制。

● 在测评实施过程中，主考官应参与观察并做好相关记录，提醒评委作记录，提醒评委、工作人员和被测者严格遵守测评考场有关规定，并及时处理意外情况。

● 在测评结束后，主考官应及时组织和协调评委的评分工作，强调要求评委围绕测评指标的评分标准，结合观察到的行为证据进行评分；在评委评分出现争议时，应补充自己观察到的行为证据，并出面进行协调，力求评分尽可能客观、科学。

● 在最终的总评环节中，主考官应组织和引导评委围绕各位被测者的得分情况，结合其在各测评环节中的行为表现，对被测者的综合表现进行评价，判断该被测者是否通过LGD的测评。

（2）小组讨论的评委。

A. 人数：一般应为3人或3人以上。

B. 素质要求。

在测评中，评委同样担当了非常重要的角色，他们的具体工作内容可以用四个关键词来概括：观察、记录、判断、评分。因为LGD技术的评分虽有客观的可操作标准，但它终究是一种主观评价。评价的结果是否可靠、有效，在很大程度上依赖于评委的评价水平，因此LGD对评委的素质要求很高。这要求评委必须经过科学的选择和严格系统的培训，做到评分标准的统一和连贯，除此之外，更应具备以下优秀品质。

● 大公无私的品质和良好的责任心。

● 宽阔的胸怀。被测者不仅有能力的大小和结构上的差别，还存在着性格、气质上的不同。评委只有具备宽广的心胸气度，才能正确考评与自己性格、气质、志趣爱好差异很大的被测者，避免或减少刻板效应、类似效应（同我者必佳），才能客观评价能力比自己强的人才。

● 敏锐的观察力。由于在LGD测评中，一名评委往往要同时面对数名被测者进行评分，在自由辩论阶段被测者不是依次轮流发言而是随机交叉发言，这就要求评委具有敏锐的观察力，能迅速透过讨论发言的表象形成对被测者言语表达、组织协调、分析判断、个性特点等方面能力素质的判断，并记录关键的行为证据和打分，否则就会顾此失彼，忙中出错，大大降低评价的准确性。

● 必要的专业知识。评委应具备的知识包括两个方面，一是心理学、人事管理学、人才测评学等基本知识，二是要求被测者所应掌握的相关专业知识。

C. 角色分工：1位主评委，其他评委为副评委。

● 主评委可兼任主考官，此时他主要负责宣读测评指导语、引导和控制小组讨论的进程，确保讨论有序进行；如不兼任主考官，则主评委主要负责评委成员内部评分尺度的把握，同时要与其他评委一同进行观察和记录。

● 副评委在小组讨论过程中一般不发言，主要职责是认真观察，做好记录。

● 所有评委在小组讨论测评过程中都须对被测者的典型行为事件进行记录。

D. 分组要求。

当出现分组同时进行小组讨论活动的情况时，需要对所有评委进行分组。分组具体要求如下。

● 首先确定各组的主评委。选择水平较高、有一定 LGD 实际操作经验的评委担任各组的主评委。

● 根据对各评委以往评分尺度的了解，选择评分尺度较一致的评委担任各组的主评委，以减少组间差异。

● 在保证主评委质量的前提下，根据评委的不同经验和水平，分别将其配备到不同组别中，保证各组评委的水平相当。

● 不同组别中评委的性别和资历也要保持相对平衡。

● 在配备评委时，也要适当考虑到 LGD 案例和被测者类别对评委的要求，即把那些最熟悉 LGD 案例、与被测者类别相似的评委放在一组。如 LGD 案例是一个人力资源管理方面的案例，则一位有人力资源管理相关知识和经验背景的评委更适合担当主评委，如果 LGD 案例是一个有关生产管理方面的案例，则一位有过现场管理经验的评委更适合担当主评委。

(3) 小组讨论的记录员（兼工作人员）。

A. 人数：每组 1 位。

B. 工作内容。

● 按照要求布置测评现场。

● 通知并组织被测者准时到达测评现场并核对被测者身份。

● 按要求给评委和被测者收发有关材料。

● 讨论过程中负责维持测评现场的秩序，禁止闲杂人员进出。

● 记录讨论过程中被测者的各项表现，尽可能呈现小组成员原话和原有行为，不加任何定性评价和个人判断，并根据需要录音录像。

● 讨论结束后将被测者带离测评现场。

● 评委讨论时记录相关评价结论，并根据记录为评委提供补充证据。

● 讨论结束后妥善保存或上交讨论材料、评价标准、评委记录纸和评分表格等相关材料。

3. 测评实施步骤

实施 LGD 一般可分为四个阶段，分别是被测者准备、个人陈述、自由讨论、评委评价。

一般典型的 6 人 LGD 测评活动会持续 100 分钟左右，根据测评人数和讨论材料复杂程度的要求，可以适当延长时间。具体的实施步骤如下。

(1) 测评开始前 2 分钟，由工作人员带领被测者进入测评场地，安排其就座，安排时要遵守分组要求。

(2) 主评委宣读指导语，介绍小组讨论的任务及规则要求。

(3) 工作人员根据主评委示意给被测者发放讨论背景材料。

(4) 一般要求被测者在 10～15 分钟内阅读背景材料，并针对讨论任务或主题进行思考，为接下来的自由讨论做准备。被测者做准备时，可以（不硬性要求）把自己的思路或观点写在提供的白纸上。此时，评委即可开始观察。

（5）主评委示意被测者进入“个人观点陈述环节”，被测者自由安排发言次序，一般每人发言时间不超过 3 分钟（严格）。

（6）主评委示意被测者进入“自由讨论环节”，自由讨论是整个 LGD 的核心。要求被测者按照指导语中规定的讨论原则，参考背景材料、围绕任务主题展开自由讨论。自由讨论一般要求被测者在 30～40 分钟时间内就讨论任务或主题达成内部一致性意见。在被测者讨论的过程中，评委需要观察、记录典型行为，不得介入被测者的讨论。

（7）小组指派一位代表在 3 分钟内汇报小组意见，评委听取小组代表的汇报。

（8）主评委宣布小组讨论活动结束，工作人员引导被测者离开测评现场。

（9）评委将被测者的典型行为进行汇总，对照行为标准进行定性、定量评分。如有存在分歧的地方，由主评委组织评委通过讨论达成统一意见，形成最终评分。

测评的步骤可用图 5—8 表示。

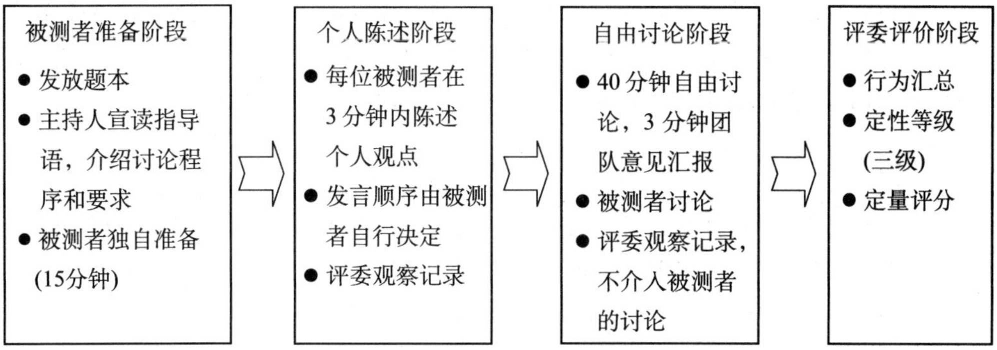

图 5—8 LGD 测评实施步骤

指导语样例

大家上午（下午）好！欢迎参加今天的小组讨论活动。在这项活动中，你们共同组成了一个决策小组，就给定的材料及任务进行讨论。我们会根据各位在讨论中的表现对相关能力进行评分。现在，我向大家介绍这次讨论的程序、任务和要求。

讨论之前，先请大家注意、明确以下事项。

（1）本次讨论中，大家都是以平等的角色和身份参与讨论，没有具体指定的负责人。

（2）讨论的具体程序是：

第一环节，讨论前准备环节，大家可以在这段时间内阅读背景材料、准备发言思路，时间共为 10 分钟。

第二环节，个人观点陈述环节，每个人进行个人观点阐述，每人限时 3 分钟。

第三环节，自由讨论环节，欢迎每个人积极发表自己的意见，但最后必须就主题达成一致意见，即得出一个小组成员共同认可的结论，并给出充分的理由解释，时间是 30 分钟。

第四环节，总结发言，自由讨论结束后，必须选派一名成员进行讨论总结，阐述小组的最终结论（用时 3～5 分钟）。如果到了规定时间，还不能得出统一意见的话，则在你们每一个人的成绩上都要减去一定的分数。

讨论结束。

（3）整个过程中，所有事宜均由小组成员自行组织，评委将不参与讨论，不回答任何人的疑问。如果有什么疑问的话，请在讨论之前提出。

(4) 在讨论过程中，请各位成员只关注小组的讨论，不要理会小组讨论以外的其他事情。同时请各位关闭手机等所有通信工具。

(5) 请在讨论过程中用普通话交流，并互相称呼编号。

大家对活动规则还有什么问题?

好，现在开始!

六、无领导小组讨论评分与评价

在LGD评价中，确定评分是评价的关键环节与最终目的。其中评委起着至关重要的作用。所以，应精心挑选评委，并对其进行必要的专业培训。一般情况下，每一组小组讨论至少需要3位评委担任评分工作。在LGD测评实施过程中评委的主要任务是进行观察并记录与测评指标相关的典型行为，并在被测者活动结束后进行讨论评分。

1. 评分流程

评价与评分工作由主考官组织评委进行，主要分为三个步骤。每个步骤中，评委需要根据讨论的进程做一些准备活动。流程可以简单用图5—9表示。

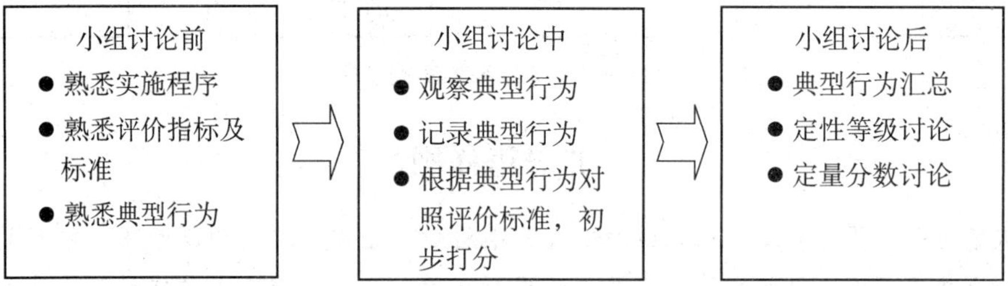

图5—9　LGD评分流程

2. 小组讨论前

小组讨论前所有的评委应该熟悉LGD的实施步骤并熟悉实施程序，明确自己在小组活动中应该完成的任务。

在观察和汇总行为证据进行评分前，评委必须深刻理解评价指标的含义，熟悉与之关联的典型行为，对典型行为保持较高的敏感性。

典型行为表现是指被测者在讨论过程中的语言行为、动作行为和表情等，包括被测者如何表达自己的观点，如何吸取别人的意见修订自己的观点，如何说服别人，如何引导整个小组讨论的进程，如何处理冲突、矛盾和不同意见等。这些信息都可能通过语言、动作或表情等进行传递，这些行为和评价指标相关联。

3. 小组讨论中

在整个测评实施过程中，要求评委集中注意力去观察被测者的言语及非言语的行为表现，尤其要注意观察那些与评价指标具有关联性的典型行为表现。

为保证评分的客观性和科学性，使评委在评分阶段的讨论评定有理有据，在观察的同时，评委应该按照要求记录下被测者在讨论过程中的典型行为。

评委对被测者的观察可能存在两类不同的形式：一种形式要求每位评委对全部被测者都进行观察，并记录其典型行为表现；而在另一种形式中，评委间进行分工，每位评委仅负责观察 2～3 名被测者并记录其典型行为表现。前一种形式显然对评委的要求较高，但实践证明，3 名经过专业训练的评委完全可以同时观察多达 10 名被测者，并通过互相补充，基本完整地记录他们的典型行为表现。由于每位评委对全部被测者都进行观察、记录并评价从而保证了测评的公平性，因此一般情况下均应采用这种形式。

每位评委各自先参照评分标准给各个评价指标打出初评分，评委可以在被测者讨论 20 分钟之后就不同的评价指标给出初步的等级评价，然后再根据被测者的表现进行修改（找更多的行为证据）。对那些在讨论过程中找不到很多行为表现的指标，评委暂不进行评分，留待后面评委之间交流讨论后再打分。

4. 小组讨论后

小组讨论后，评委间通过讨论，对被测者的典型行为进行汇总，根据典型行为对照评价指标，对每位被测者进行定性、定量的评分。

讨论的操作过程建议按以下方式进行：评委先通过交流讨论为第一个评价指标（如团队合作）找出表现最好的那位被测者，并汇总各评委记录到的和此指标相关的典型行为表现（包括在这个指标上表现比较优秀和欠佳的行为）。在对这些典型行为进行充分讨论评价的基础上，结合该指标的评分标准对该被测者的该项能力做出定性和定量评价。这样就为第一个评价指标（团队合作）找到了评分参照被测者，其他被测者的评分只要和这个被测者作比较，得到该项能力上的评价，然后再按照类似的操作过程对其他评价指标逐一进行讨论打分。

5. 评分注意事项

（1）在观察过程中，为保证评分的准确性，评委不应在讨论进程过半前打分，对那些把握不大的行为标准（即观察的行为证据不充分），评委暂不进行评分，留待后面评委之间交流讨论后再打分。

（2）讨论一结束，建议评委立即根据“记录”、“录像”、“记忆”，对被测者的能力素质进行评价，以免信息损失。

（3）讨论的过程比结果更重要，被测者在讨论过程中的行为表现才是评分的主要依据。

（4）评委评分时应以观察到的客观行为作为依据，紧扣评分标准，同时注意拉开差距，避免给被测者的分数相差不大。

（5）对于小组中不活跃的被测者，不能仅是因为没有表现就全部给低分，应该多听取其他评委收集的证据，并经过充分讨论后给分，如果仍不能打分则应注明“须参考其他测评方法进行评价”。

（6）评委评分过程中应该减少因为心理效应产生的评分误差。常见于 LGD 的心理效应所导致的评分误差主要有 8 种，具体表现及控制方法如表 5—16 所示。

表 5—16 LGD 评分常见误差及控制

常见误差	典型特点	误差控制建议
趋中效应	评分比较集中在中间等级，被测者的得分拉不开差距。	按照标准打分，在被测者之间相互比较，关注差异，敢于给出较极端的分数。
光环效应	因为被测者的某一突出优点或缺点而给该被测者的其他行为过高或过低的评价。在小组讨论中极易产生光环效应的行为标准主要是有影响力的沟通。	紧扣评分标准、行为标准独立评价。
一因多果	将被测者的某一行为特征作为几个相关联行为标准的证据，并由此对每个相关行为标准都给出一致评价。	严格区分不同行为标准对应的关键行为，独立评价。
自我参照效应	评委评分时以自己作为参照对象。	以评分标准作为判断标准，抛开个人好恶，客观评价。
偏见效应	评委在观察被测者的行为和言语表现时，不要因为被测者的某些人格特点而对其造成不应有的偏见，这样会使结果失之偏颇。	
近因效应	受最后观察的结果影响而不考虑早些时候相反的证据。	全面回顾被测者在整个测评过程中的表现进行综合评价。
过宽效应	通常将人的行为往好的方面看。	紧扣标准。不同评委间评分尺度的平衡。
过严效应	通常将人的行为往不好的方面看。	

第四节 管理游戏

一、管理游戏方法简介

1. 管理游戏的定义

管理游戏是一种以完成某项实际工作任务为基础的标准化模拟活动。在这种活动中，将数名被测者集中起来组成一个临时团队，置身于一个模拟的任务情景中，面临特定的现实问题，要求他们在规定的时间内通过合作加以解决，有时还引入一些竞争因素以分出优劣。评委通过被测者在完成任务的过程中所表现出的行为来评价被测者的素质。模拟的活动大多要求被测者通过游戏的形式进行，并且侧重评价他们的管理潜质，管理游戏因此得名。

在管理游戏的情景中包含有现实环境的不确定性，此不确定性有部分是来自参与者取得的信息不完全和主观预测，也有部分是来自参与者不完全了解游戏的玩法，但更重要的是由于无法完全掌握与预测未来，加上对手时常出现不规律的竞争行为，造成与真实世界若干相符的仿真商业情景。这意味着管理游戏具有的情景很难以理论完全诠释，因此没有所谓提供“正确答案”的需要，如同真实环境中的情况，游戏引导参与者要从经验中学习该产业或该职位所需的实际运作状况，参与者要注意每一事件的起因与影响，就必须检视相关概念、证据与提出解决问题的技巧和方法。

管理游戏能够突破实际工作情景中时间与空间的限制，使实际中可能几个月甚至几年才会发生一次的工作情形在几个小时甚至数十分钟内发生。另外，管理游戏所模拟内容的真实感强，富有竞争性，被测者又能马上获得客观的反馈信息，因而容易引起被测者的浓厚兴趣。

2. 管理游戏的类型

管理游戏是一种社会性的游戏，它通常经过严密的组织和设计，要求参与者必须严格遵守游戏规则，通过团队合作解决某些问题，进而完成任务。根据游戏要解决的问题类型，可以将管理游戏分为会议游戏、销售游戏、创造力游戏、破冰游戏、团队建设游戏、压力缓解游戏、激励游戏等。

二、管理游戏的特点

管理游戏作为评价中心技术的一种测评方式，其复杂程度是评价中心技术中最高的。另外，与其他方式相比，其使用频率相对偏低，但是它的测评效度较高。

1. 管理游戏的优点

（1）集中考察被测者的多种能力。

管理游戏是为了解决某一问题或达到某个具体目的而设计的，被测者在游戏过程中参与问题的解决，集中反映了多种能力素质。

（2）模拟内容更接近实际工作情况，真实感强。

例如在一个游戏中，被测者的任务是用木材建造一个很大的“房子”，两名辅助人员被指定作为“农场工人”接受被测者的指挥，协助建造“房子”。按照游戏的设计，工人A表现得被动懒惰，如果没有明确的命令，他就什么也不干；工人B则好斗鲁莽，总是用不现实、不正确的方法工作。其实，A和B是游戏中设计的情景，他们按照测评者的指令干扰和批评被测者的建造方案。在这个游戏中，被测者置身于真实的冲突环境，需要其具有良好的情绪控制能力、领导能力以及指挥能力来完成任务。

（3）形式活泼，趣味性强。

管理游戏将复杂的测评内容与有趣的游戏结合起来，形式活泼，消除了被测者的紧张感，使他们在游戏的过程中得到乐趣。在游戏结束后，通常会安排讨论。讨论的过程会揭示蕴涵在游戏中的深刻寓意，被测者可以从中受到启发；同时，游戏的趣味性容易激发被测者潜在的能力以及创造性解决问题的方法。

（4）测评效度高。

在管理游戏的测评过程中，由于被测者处于一种更为放松的状态，其行为表现会更加真实，可以减少掩饰的机会，提高测评的效度。

2. 管理游戏的缺点

（1）管理游戏对环境、道具的要求较高，且需要花费大量的时间去组织与实施。大多数管理游戏都要设置特定的场景，一些游戏还需要在户外进行，且根据游戏内容的不同要准备各种有形的道具。比如小溪任务中，需要特定的户外环境，以及滑轮、木板、绳索、粗大的圆木等道具。

（2）操作不便，难以观察，对测评者要求较高。通常在游戏中，成员完成任务时要来回走动，这时测评者的观察难以进行。假如测评者要观察一个以上被测者的行为，问题就更为复杂。鉴于这种测评形式很活泼，在游戏过程中往往会产生混乱状态，要在这样的情形中仍能观察并评价被测者细小的行为表现，确实需要测评者具有很高的水准。

（3）完成游戏所需时间较长。由于兼行为运动与脑力活动的特点，管理游戏通常会比其他测评方法耗费更多的时间，大部分需要一个小时才能完成，一些要求较高的游戏则需两个小时甚至更多时间。

三、管理游戏组织实施流程

由于管理游戏的形式极为灵活，很难总结出通用的流程，在本书中，我们仅以一个简单的博弈游戏为例，来展示一下管理游戏的组织与实施流程。

1. 管理游戏的组织

根据具体游戏任务和游戏规则要求，布置测评现场。

示例：

这个博弈游戏的任务和规则较为简单，具体要求如下。

模拟商业游戏

甲、乙、丙、丁四家公司是国内软件行业的四大巨头。其中，公司甲、乙互为竞争对手，公司丙、丁互为竞争对手。互为竞争对手的公司可能得到的利润将由双方的商业决策共同决定。

假设每个公司的商业决策都只有两种——决策X和决策Y，每个公司可得的利润也都相同。图5—10显示了甲、乙两个竞争对手的月可得利润。每个格子的右上方是甲公司每月可得的利润，左下方是乙公司的利润。

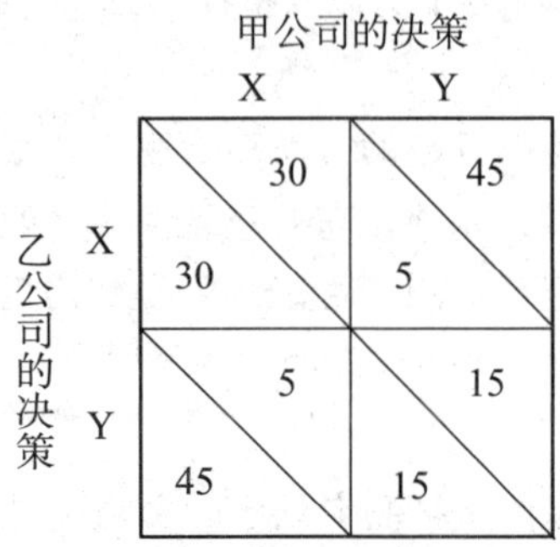

图5—10　甲、乙月可得利润（单位：万）

现在你们是甲、乙两公司的高层，接下来即将通过10个轮次的决策来模拟公司未来10个月的商业决策。与此同时，另外两个小组正在另一个房间扮演丙、丁公司的高层，与你们一起进行同一个游戏。10轮决策结束后，甲、乙、丙、丁中累计获得利润最高的公司将会成为今天游戏的赢家。

游戏规则如下：

(1) 每轮决策须在规定时间内由小组成员商议决定。

(2) 第1轮决策的商议时间为3分钟，以后每轮决策的商议时间均为1分钟。

(3) 决策时间到后，裁判将到各组获取决策信息，届时请用桌上的卡片向裁判出示结果。

(4) 第4轮和第7轮的利润翻倍。

(5) 从第4轮开始，甲、乙双方将派出谈判代表与对方公司谈判，谈判时间为1分钟，每次谈判必须派出不同的代表，待组内人员全部轮换完毕后，方可任意选派代表。

(6) 游戏全程需严格遵守裁判指示，讨论时请尽量避免其他组窃听到本组的商业机密。

(7) 下方的表格（表5—17）用于记录每轮双方的决策，以及本组每轮所得利润。

表5—17　双方决策及利润记录表

轮次	1	2	3	4	5	6	7	8	9	10
甲公司										
乙公司										
利　润										

这个游戏需要两个相邻的房间，具体的场地布置如图5—11所示。

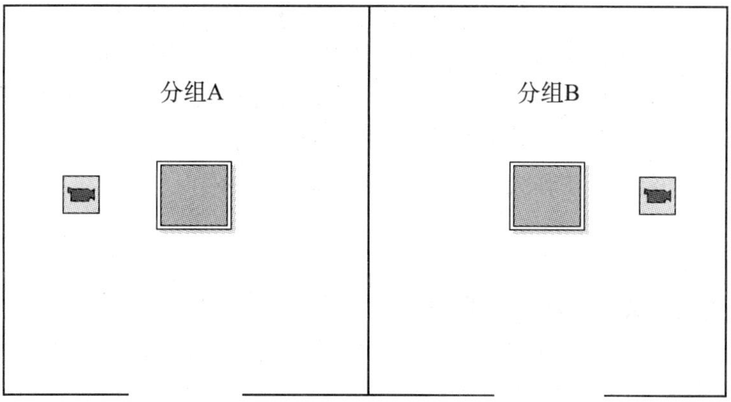

图5—11　场地布置

2. 明确参与者的角色和职责

(1) 评委要求。

人数：4位。

角色分工：一位主评委，三位副评委。

● 主评委主要负责游戏进程的引导和控制（也可以将游戏的主持部分让一位副评委负责，以减少主评委的负担，使之全神贯注于游戏中被测者的表现）。

● 副评委在游戏过程中不发言，配合主评委的工作。

● 三位副评委在游戏过程中都须对被测者的典型行为事件进行记录。

（2）工作人员（兼记录员）要求。

人数：1位。

工作内容：

● 按照要求布置游戏场地，给评委发放管理游戏题本、评分标准、评分表格和白纸，通知被测者准时到测评现场并核对被测者身份。

● 游戏过程中不能随意出入测评现场，并禁止闲杂人等进入。

● 记录游戏过程中被测者的各项表现，尽可能呈现被测者原话和原有行为，不加任何定性评价和个人判断，并根据需要录音录像。

● 游戏结束后将被测者带离测评现场。

● 评委讨论时记录相关评价结论，并根据记录为评委提供补充证据。

● 游戏结束后妥善保存题本、评价标准、评委记录纸、评分表格和游戏道具。

（3）被测者要求。

人数：5～8位。

测评须知：

● 按时到达指定场地。

● 游戏过程中不能随意出入测评现场，并保持通信工具等不干扰游戏。

3. 测评实施步骤

（1）工作人员引领被测者进入游戏场地。

（2）主评委宣读指导语，提出游戏活动的具体要求及注意事项。

（3）主评委询问被测者对于规则和任务是否有疑问，并回答提问。

（4）主评委宣布计时开始，被测者按照游戏规则进行游戏，评委观察记录。

（5）游戏差5分钟结束时，主评委提醒被测者时间。

（6）游戏活动结束，工作人员将被测者带离游戏场地。

四、管理游戏评分与评价

1. 评分流程

（1）评委按照评分标准独立给出初评分，并填入初评表。

（2）主评委引导评委进行评分讨论，各评委修订打分。

（3）工作人员使用得分平衡表，得出各个评委评分的争议项，并就争议项重新讨论，给出终评分，整理出相应的行为证据，并填入终评表中。

2. 评分注意事项

（1）评委在游戏过程中须注意观察被测者在团队活动中的行为，而不应投入团队角色，思考或者以行动参与其解决问题的过程。

(2) 在观察过程中，为保证评分的准确性，评委不应在讨论进程过半前打分。对那些把握不大的行为标准（即观察的行为证据不充分），评委暂不进行评分，留待后面评委之间交流讨论后再打分。

(3) 活动一结束，建议评委立即根据“记录”、“录像”、“记忆”，对被测者的能力素质进行评价，以免信息损失。

(4) 讨论的过程比结果更重要，被测者在讨论过程中的行为表现才是评分的主要依据。

(5) 评委评分时应以观察到的客观行为作为依据，紧扣评分标准，同时注意拉开差距，避免给被测者的分数相差不大。

(6) 对于团队中不活跃的被测者，不能仅是因为没有表现就全部给低分，应该多听取其他评委收集的证据，并经过充分讨论后给分，如果仍不能打分则应注明“须参考其他测评方法进行评价”。

(7) 评委评分过程中应该减少因为心理效应产生的评分误差，常见于管理游戏测评活动的心理效应所导致的评分误差与 LGD 测评相同，详见表 5—16。

第五节 角色扮演

一、角色扮演方法简介

1. 角色扮演定义

角色扮演是评价中心中常用的一种测评方式，其通常的做法是根据测评目的精心设计一段“剧情”，被测者根据任务要求和自己的理解，扮演“剧情”中相应的角色，完成特定的“角色任务”，评委通过观察被测者完成“角色任务”的过程来对其能力素质进行测评。

2. 发展与应用历史

角色扮演源自心理剧，最初用于心理咨询和心理治疗，尤其是儿童心理治疗和社会技能训练。心理剧这一心理治疗技术在 1920 年左右由莫雷诺在维也纳创立。由于角色扮演在社会技能、行为评估方面的实践运用中有相当的成效，经过学者们的不断修正和完善，尤其在评价中心技术蓬勃发展后，又成为一种具有较高信度、效度的测评技术，被广泛应用于人员选拔、人才培训等领域。

角色扮演技术在组织中有十分独特的应用领域，尤其成为选拔和培训的有效手段。

角色扮演技术的最早使用是在 1942 年美国海军驻海外军官的选拔当中。在该选拔中心理学家们运用了大量的行为评估技术对军官进行评估，其中安排了两次即席表演面试，为每位军官设置情景，然后观察每一被测者的个人特点和情绪特点，取得了良好的效果。

3. 角色扮演类型

角色扮演在招聘、选拔领域常用的类型有多种。

按表演形式划分，即兴式角色扮演和固定角色扮演是比较常用并适合测评的两种方式。即兴式角色扮演即事先不编制“剧情”，只给被测者一个基本要求，角色的表演由现场气氛即兴决定。即兴式表演能够真实地表现出被测者的内在特质，但也正因为是即兴表演，其所表现出来的特质不一定是所希望测评的能力素质，不可控因素较多。固定角色扮演是根据活动的目标和要求设置固定的“剧情”和“角色”，让被测者扮演该角色，固定的角色和事先设计的“剧情”可以确保被测者所表现出来的特质是所希望测评的能力素质，可控性较高。因此这种固定角色扮演成为人才招聘、选拔中最为常用的一种角色扮演方式。

按有无助手可以划分为有助手参与和无助手参与两种。有助手参与的角色扮演是指角色扮演中有一个以上的助手在情景中承担一定的角色任务，并参与整个角色扮演的过程。在角色扮演的过程中，要求助手根据测评要求扮演被测者的上级、同级、下级、客户或合作伙伴等，按照事先设计好的“剧本”对被测者进行相关提问、刁难、设置一系列困难等，适当地引导和激发被测者的行为。这就要求在测评前安排好助手，并对其进行专门的培训，使其熟悉整个角色扮演的内涵、真正目的、“剧情”设计原因、所希望测评的能力素质，了解扮演过程中的控制技巧等。助手这一角色可以由副评委或有扮演经验的人员担当。在有助手的角色扮演过程中，对助手的培训、练习要花费较多的精力，但也大大增加了对扮演过程和测评能力素质的可控性，因此有助手的角色扮演也是广泛应用的一种角色扮演方式。无助手参与的角色扮演是指角色扮演过程中没有任何助手的参与，可以是单个被测者扮演某个角色，也可以是几个被测者分别扮演“剧情”中的不同角色，共同完成角色扮演。在这个过程中，各个被测者的表现除了是为了完成角色任务外，也受其他被测者表现的影响，从测评的角度来讲可控性不强。同时无助手参与的角色扮演对评分、评委的要求更高。

按情景的任务内容，角色扮演可以划分为关系协调型、动手操作型和问题解决型三种。关系协调型的角色扮演要求被测者以某一特定的身份去协调组织内外部的关系。动手操作型的角色扮演会提供给被测者一定的操作仪器或材料，要求被测者具体操作某一仪器或活动。问题解决型的角色扮演就是在情景中设置问题让被测者以一定的身份来处理和解决。其中关系协调型和问题解决型的角色扮演能够考察被测者组织协调、人际沟通、应变等多方面的能力素质，因此是人才招聘与选拔中常用的角色扮演类型。而动手操作型角色扮演由于是考察被测者的实际动手能力、学习能力等素质，因此在人才测评中并不常用。

4. 方法特点及适用性

角色扮演是一种具有比较鲜明特色的评价中心方法，与其他纸笔测验、面谈等相比，具有以下特点：

(1) 参与性强，灵活度高，证据丰富。

角色扮演的形式和内容比较丰富多样，可以根据不同的测评目的设计出不同的测评主题、场景、“剧本”。在角色扮演的过程中，被测者能够被调动起较高的参与积极性，因此在完成角色任务过程中的表现也是灵活的、开放的，能够充分表现自我，展示能力。评委也能够多方位地观察被测者表现出来的各种具体行为，如肢体动作、表情变化、语言等，得到更全面的观察、记录、评分依据。

(2) 逼真性强，表面效度高。

角色扮演属于情景模拟技术之一，因此在测评过程中，评委能观察到被测者在特定情景下（“剧情”）的行为特征，因为这种特定情景（“剧情”）的设计往往结合了岗位的具体特点，针对性比较强，因此角色扮演具有逼真性强、表面效度高等特点。

5. 测评能力素质

角色扮演需要被测者扮演“剧情”中的某一角色，通常情况下会与其他人（其他被测者或助手）共同完成既定任务。因此角色扮演更适合测评一些“与人相关”的指标，如人际沟通、语言表达、组织协调、情绪控制、团队辅导、客户导向、辅导下属等能力素质。

二、角色扮演题本开发

1. 题本开发原则

(1) 模拟目标岗位典型情景。

(2)“剧情”设计要围绕测评能力指标。

(3) 逼真性强，“剧情”设计合情合理，不生硬。

2. 题本开发步骤

确定角色扮演测评的目标岗位以及测验目的，对目标岗位人群进行行为事件访谈，深入了解目标岗位的工作职责和工作内容，收集典型工作情景，提炼目标岗位所需的能力素质。结合测评目的、访谈结果及角色扮演本身的测评指标适宜性，确定目标岗位角色扮演测评的能力指标，并将能力进一步细化为评估构面。

结合测评能力指标和行为事件访谈收集的典型工作情景，提炼测评要点，选择适宜的角色扮演方式，设计矛盾冲突点和角色任务，编写“剧情”，开发被测者和演员（如有需要）的“剧本”，在此基础上针对测评能力指标开发评价标准和评分表等配套材料。对角色扮演“剧本”进行试测，分析其矛盾冲突的合理性、评价结果的区分度等，调整“剧情”，确保题本的测评有效性和科学性（如图 5—12 所示）。

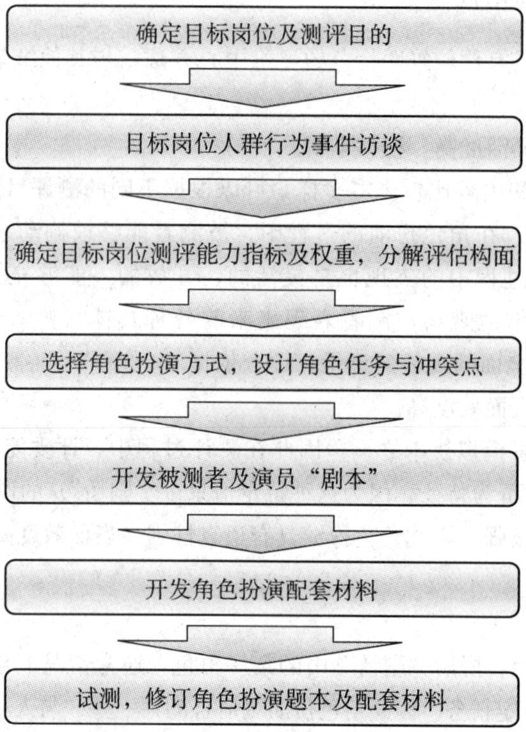

图 5—12　角色扮演题本开发步骤

3. 题本及配套文件样例

（1）角色扮演题本样例。

角色扮演题本
（候选人使用材料）

说明材料

您好！在接下来的测试活动中，我们要求您以A公司总经理的身份与您的下属，生产运营部的周明明进行一次历时约15分钟的谈话。开始谈话前请您仔细阅读下面的背景材料（10分钟内完成），因为它是你们本次会谈的主要依据。

背景材料

现假设您是某集团东北某地子公司的总经理助理刘存志，一周前您刚刚接替原总经理陈思政的职务，在接下来的6个月中，您将作为A公司的总经理处理工作事务，直到集团做出正式任命的决定……

现在是2009年5月11日，您刚刚结束为期7天的考察访问，今天是您第一次以总经理的身份走进办公室。

…………

为了调解周明明（生产运营部经理）和程瑞（集团派驻ERP项目负责人）之间的矛盾，您决定下午与他们进行一次谈话。

任务

您的秘书已经通知生产运营部经理周明明5分钟后来到您的办公室，在这次谈话中，您需要达到以下两个目的。

● 了解产生矛盾的真正原因。

● 说服周明明克服困难，以确保项目按时完成。

（请记住您现在的身份是A公司总经理，周明明马上就要进来了，15分钟后您还要与程瑞进行谈话，因此，此次谈话时间必须控制在15分钟以内。）

角色扮演题本
（演员使用材料）

说明材料

在本次角色扮演测评活动中，您被要求饰演周明明（A公司生产运营部经理）这一角色，候选人将以您的直接上司A公司总经理的身份与您进行一次历时约15分钟的谈话。具体的谈话背景请仔细阅读以下背景材料以及"提供给候选人的背景材料"，它将为您如何应对本次谈话提供参考。

关于如何表演好"周明明"这一角色，后面会有一些注意事项，请您务必仔细阅读，参照执行。

背景材料

候选人背景材料，请参见候选人所用情景材料。

另外您的相关信息如下：

您在大学毕业之后就一直在某集团西北某地子公司工作，10年前被调到A公司担任安全质保部经理……

几个月前，ERP项目正式启动，集团派某人驻A公司负责项目推进工作……

…………

您对他的意见非常大，渐渐地在工作中表现出了不合作的态度，他对您的不合作也很不满，你们两人的关系越来越紧张了。

演员注意事项

要求在所有的活动中扮演相同的角色，确保每一个候选人面对尽可能相同的情景。其实要做到这一点不难，您只需熟悉前面的背景材料，因为在整个角色扮演测评活动中，大多数情况您要做的事就是倾听，适当地制造些小麻烦（冲突）。当然，下面的几点对您做好一名合格的演员是必不可少的：

● 整个谈话应该由候选人主动发起，在合作上导致失败的原因一共有两个……

● 对总经理的谈话，您不能抱有主动配合的态度……

● 在与ERP项目合作方面，您应该表明您的态度……

● 在整个谈话过程中，您希望能引起领导对您个人发展的关注，获得公司的重视……

● 不能主动放弃（结束）谈话，因为您有很多的工作和私人问题希望通过这次谈话加以解决，除非这些问题都已解决。

● …………

重要的控制点

● 整个谈话过程您要表现出不是您不合作而是对方难合作的姿态，虽然总经理候选人可能能够通过谈话说服您，但您得保证这种说服经历了一个过程，因此您的态度从开始阶段应该是不合作的、反对的。

● 不要说得太多，更多的信息需要由候选人从您的嘴里“问”出来，而不是您主动说出来。您需要主动讲出来的多是您的困难，您这样讲只是为了保证整个谈话能够继续下去。

● …………

可能的冲突及制造冲突的方式

● 制造必要的冲突有利于测评目标的实现。

● 冲突主要由演员制造（通过语言，适当配以情绪）。

● 冲突的产生及处理过程应集中在正式谈话阶段。

● （演员）如何制造冲突……

…………

(2) 角色扮演指导语样例。

角色扮演指导语

您好！

接下来的测试活动是角色扮演，在此活动中，您要以A公司总经理的身份与您的下属进行一次历时约15分钟的谈话。开始谈话前请您用10分钟的时间阅读这份材料，材料里注明了这次会谈的主题及您下属的背景信息，您可以根据这份材料来思考如何进行这次会谈。在谈话时，我将不参与你们的任何活动，也不回答任何问题，您可以视我不存在。

您还有什么问题吗？

好，现在开始。

(3) 角色扮演评分表样例（见表5—18）。

表5—18　　角色扮演评分表

候选人姓名：______ 性别：______ 所在部门：______目标岗位：______ 日期：______ 评委签名：______

评分标准（分）：优秀（8～10）；良好（6～7）；中等（4～5）；较差（1～3）

评价指标	评价构面/关键点	评分等级	评分	补充记录
压力应对	● 面对压力的态度	□优秀 □良好 □中等□较差 □无表现		
	● 处理压力的方法	□优秀 □良好 □中等□较差 □无表现		
	…………	□优秀 □良好 □中等□较差 □无表现		
领导风范	● 个人形象	□优秀 □良好 □中等□较差 □无表现		
	…………	□优秀 □良好 □中等□较差 □无表现		
有效沟通	● 人际理解	□优秀 □良好 □中等□较差 □无表现		
	…………	□优秀 □良好 □中等□较差 □无表现		

三、角色扮演组织实施

1. 时间要求

角色扮演分为实施活动前的准备阶段和实施角色扮演阶段，整个过程大概需要 30～60 分钟的时间。

2. 评委要求

（1）评委人数：4 人。

（2）角色分工：1 位主评委，2～3 位副评委，1～2 位演员（可兼任副评委）。

- 主评委：测评实施前负责宣读指导语和测评注意事项，并回答被测者关于测试方法和内容的相关疑问；测评实施后负责组织所有评委对被测者进行打分和评价。
- 副评委：在整个测评过程中不发言（演员除外），认真观察并做好记录；测评实施后在主评委带领下对被测者进行打分和评价。
- 演员：在测评过程中，按照“剧本”要求扮演相应的角色；测评实施后在主评委的带领下对被测者进行打分和评价。

（3）素质要求。由于角色扮演整个“剧情”的发展有时并不完全在评委或“演员”的预料之中，因此评委在整个测评过程中对信息有效性的提取与鉴别就显得非常重要，而“演员”在意外剧情发生时的应变能力和控制能力也非常关键。在这里将评委和“演员”的素质要求汇总如下：

A. 评委。

- 熟悉企业的基本情况，对目标岗位的内涵理解深入。
- 了解角色扮演测验的理论和实践依据。
- 熟知角色扮演过程中被测者的各种行为与评分标准之间的内在联系。
- 明确题目的评分标准及测试要素的定义，并与其他评委达成一致。
- 评委应当在测试前得到充分的培训。
- 能够对被测者进行独立、客观、公正、审慎的评价。

B. 演员。

- 熟知“剧本”，并将“剧本”中的信息熟记于心。
- 严格遵守“剧本”要求进行表演，避免表演不投入或表演不到位。
- 尽量多地掌握被测者可能出现的行为，并做好应变准备。
- 能够控制测评活动进程，避免无关的信息占据过多时间。
- 对于被测者表现不充分的指标，应适当重新设置困难，让其充分表现。
- 对待不同被测者，表演尽量做到客观、公平。
- “演员”应当在测评前得到充分的培训，并进行多次的模拟演练。

3. 工作人员要求

（1）人数：1位。

（2）工作内容。

- 按照要求布置测评现场。
- 通知被测者准时到达测评现场，并核对被测者身份。
- 按要求给评委和被测者收发有关材料。
- 测评过程中负责维持测评现场的秩序，禁止闲杂人员进出。
- 对测评过程进行录像或录音，以备存档（若需要）。
- 讨论结束后将被测者带离测评现场。

4. 被测者要求

（1）人数：1位/次。

（2）测评须知。

- 按时到达指定场地，无须其他准备。
- 仔细阅读测评指导语，明确测评注意事项。
- 在测评活动开始后，不允许向主考官提与测评内容有关的问题。
- 仔细阅读“剧本”，积极进入角色，全力投入。
- 按照“剧本”要求完成角色任务。
- 测评过程中不能随意出入测评现场，并保持通信工具等不干扰测验。
- 不允许将与测评相关的材料带出测评现场。
- 遵守有关的保密要求。

四、考场要求

一个理想的角色扮演环境应该完全切合“剧情”需要，对“剧情”中的环境进行完全真实的模拟。这种模拟不但有利于被测者尽快进入状态，以帮助他们最真实地表现自己，同时也有助于评委集中精力去获取关于被测者的关键性信息，以对其未来的工作业绩做出准确的预测。

在实际的角色扮演中，往往不可能有这种完全理想的模拟环境。为了保证角色扮演活动的正常进行以及测评结果的有效性，我们对测评现场的布置作如下建议：

- 评委坐在被测者的斜对面，并保持一定距离，以不影响角色扮演过程。
- “演员”席可设在被测者对面或旁边（结合具体“剧情”）。
- 被测者的桌子上须摆放相关办公道具，以增加场景的逼真感。
- 根据“剧情”安排摆放其他道具，如有需要可安装录音录像设备。

角色扮演现场布置如图5—13所示。

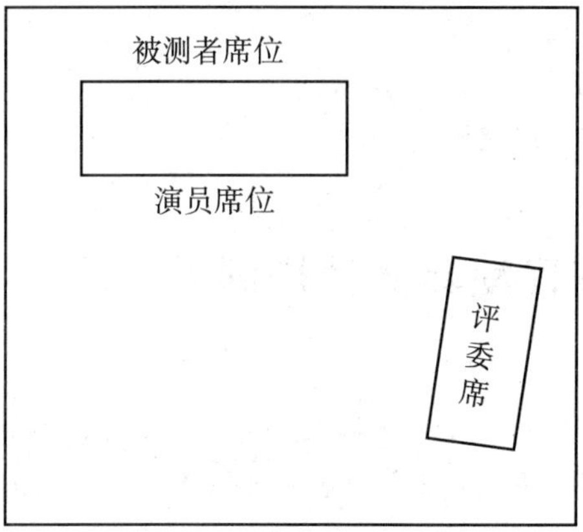

图 5—13　角色扮演现场布置示意图

五、组织与实施流程

1. 测评前准备

（1）确定参与角色扮演的对象与人数。

（2）开发角色扮演题本、配套文件（指导语、评分表等）。

（3）确定评委、工作人员、演员（如有需要）。

（4）培训演员，演练“剧本”，修订题本。

（5）开发组织实施流程配套文件与表格（工作人员安排表、被测者信息登记表、考场物料清单等）。

（6）选择与布置考场。

（7）提前通知被测者，并安排相应人员签到、接待。

（8）将被测者带进考场。

2. 测评中流程

（1）主评委示意工作人员分发角色扮演题本。

（2）主评委宣读角色扮演指导语及相关注意事项。

（3）主评委回答被测者的相关疑问。

（4）被测者没有疑问后，由主评委宣布角色扮演测评正式开始。

（5）被测者阅读“剧本”，了解剧情。

（6）“演员”入场（如有需要）。

（7）实施角色扮演活动。

（8）评委做好关键行为事件的记录。

3. 测评后工作

（1）主评委以积极、礼貌的态度向被测者致谢，结束角色扮演测评。

（2）工作人员引导被测者离开考场。

（3）评委讨论，评分，给出评价。

（4）公布成绩（可选择）。

（5）给予被测者反馈（可选择）。

六、组织实施流程配套文件样例

在角色扮演的组织实施过程中，会涉及一些表格，如工作人员安排表、被测者信息登记表、考场物料清单等，下面列举部分表格样例（见表5—19至表5—22）。

表5—19　　工作人员安排表

序号	姓名	职责	联系电话	所属单位

表5—20　　被测者信息登记表

序号	姓名	考号	身份证号	目标岗位

表5—21　　角色扮演考场布置及物料清单

考场布置	所需物料
考场外显眼处设有路线指引牌	考场路线指引牌
考场内安装监控设备	考场配置摄像机
考场入口处张贴考场名称标签	考场名称标签
标语条幅挂在视频会议系统摄像范围内	××公司××竞聘（选拔）角色扮演考场
考场按照角色扮演考场布置图布置好	桌椅数量是被测者人数加演员数加考官数
考场显眼处设有时钟	时钟
被测者桌上尽量模拟真实办公场景，可备有草稿纸、水、日历、电话、笔筒等	草稿纸、水、日历、电话、笔筒

表5—22　　角色扮演成绩汇总表

序号	姓名	考号	成绩	排名

七、角色扮演评分与评价

在人才招聘与选拔的过程中，对角色扮演的评分主要还是依据评价中心的评分方法，主要有行为清单法和等级评定法等。由于行为清单法并不是很成熟，所以在计分过程中更多使用等级评定法，即评委对被测者的整体表现进行判断，确定其处于哪个等级，在此基础上深入分析被测者的各方面行为表现，再次判断被测者处于该等级的哪个水平上，得出最后分数。

1. 评分原则

（1）评委应于评分之前熟悉本次角色扮演的测评要素和评分要点。

（2）保证角色扮演现场至少有两名评委进行观察，其中副评委可以做“演员”，在扮演的过程中观察，主评委不能做“演员”。

2. 评分模式

（1）评委按照评分标准独立给出初评分，并填入初评表。

（2）主评委与副评委进行评分讨论，给出终评分，整理出相应的行为事件和定性评价意见。

3. 具体评分方法与技巧

在每一位被测者完成角色扮演之后，由评委分别根据被测者的表现独立打分（给出该被测者在每一个考核要素上的得分）；同时评委对被测者的每个考核要素写出简明扼要的评语，如突出的特点、明显不足、评定意见等。

为保证所有被测者的平等，评委应将所有被测者的分数集中在一张表内，参照对前一名被测者的评分，确定对当场被测者的评分。另外，由于有数名评委对同一被测者进行考核，应将各个评委对被测者的评判分数加以比较。如果发现在分值上有较大差异，应在评委之间进行交流和协商，评出一个大家认可的分值。

八、评分注意事项

评分注意事项如表5—23所示。

表5—23　　角色扮演评分常见误差及控制

常见误差	典型特点	误差控制建议
光环效应	因为被测者的某一突出优点或缺点而给该被测者的其他指标过高或过低的评价。	紧扣评分标准、指标，独立评价。
触角效应	与光环效应相反，评委会从被测者所说的话中挑刺。	多个评委对评分结果进行交流，消除个人好恶偏见的影响。

续前表

常见误差	典型特点	误差控制建议
一因多果	将被测者的某一行为特征作为几个相关联指标的证据，并由此对每个相关指标都给出一致评价。	严格区分不同指标对应的关键行为，独立评价。
自我参照效应	评委评分时以自己作为参照对象。	以评分标准作为判断标准，抛开个人好恶，客观评价。
偏见效应	评委在观察被测者的行为和言语表现时，不要因为被测者的某些人格特点而对其产生不应有的偏见，这样会使结果失之偏颇。	
过宽效应	通常将人的行为往好的方面看。	紧扣标准。 不同评委间评分尺度的平衡。
过严效应	通常将人的行为往不好的方面看。	
第一印象	测评开始前 5 分钟被测者给评委留下的印象影响了评委的判断，后续的测评过程成为证实自己判断的过程。	将全过程的信息都作为评价被测者能力与个性特征的依据，不轻易下结论。

第六节 案例分析

一、案例分析概述

案例分析最早是作为一种教学方法出现于哈佛大学，其宗旨是为了训练学生分析问题的思路，培养学生理论联系实际、解决实际问题的能力。由于案例的拟真性，尤其是案例对现实工作的复杂性、模糊性和变动性的“情景模拟”，为人们提供了能力表现的场所，使人的潜在能力得以施展，加之某个人对一个案例的反应能够在一定程度上反映其在类似情景中的反应，所以案例分析法作为人才测评的方法之一，在实际中的应用越来越多。近年来，案例分析测评在我国行政机关、事业单位和企业的人才选拔工作中的运用也越来越广泛，不同职业背景、不同职务、不同年龄、不同水平和技能的人在不同的案例分析上存在明显差异，说明案例分析如果编制和使用得当，可取得良好的测评效果。

二、案例分析的类型

案例分析题大致可以分为以下几种类型。

1. 评价型

这类案例试题描述整个事件的全过程，包括其实际结果（可能是成功的结果，也可能是失败的结果）。在此，最关键的问题是："你如何评价某某人或某某组织的作为？为什么？"这样的试题是要求被测者做事后诸葛亮，留给被测者的分析任务只是对案例中的具体做法、事件产生的原因、成功或失败的经验教训进行事后剖析，要求考生以旁观者的身份进行评论，提出具体的分析意见和改进的建议，以测试被测者应用基本理论分析实际问题的能力。

2. 决策型

决策型案例题往往只介绍一个曾经发生过或经过加工的实际事件的情景，并提出待解决的问题，要求被测者分析问题产生的原因并对所提问题进行决策或提出建议。这类试题通常要求被测者不是以客观的、局外人的立场，而是以主观的、当事人的立场来分析，被测者本人要把自己当作案例中的某个角色（如市长、书记、总经理或财务科长等）身临其境地进行分析和决策。在此，最典型的问题是："如果你在某某人的位置（或者如果你是某某某），你将如何办理此事？为什么？"这类试题能有效地检测考生对组织管理原理的认知度以及决策的能力。

3. 综合型

这类案例在所给的材料中对问题的实质、问题产生的原因以及问题解决的办法都无明确的提示，要求被测者从看似杂乱无章的管理情景和表象症状中去界定问题，然后分析原因并确定对策。此案例题的典型提问兼有上述两种案例的特点，既要求被测者以旁观者的身份运用理论工具对案例事件进行分析评价，同时还要求被测者以案例中某个角色的身份，设身处地对案例所提出的问题进行决策。

三、案例分析的特点

案例分析是评价中心主要的测评技术之一。根据国外对情景模拟测评的各种形式的实际使用情况的调查，在所有评价中心的测评技术中，案例分析的实际使用频率比较高，仅次于文件筐测验，达到了73%。案例分析具有评价中心技术的许多长处，如情景拟真性、综合性、针对性和预测性比较强，同时，它还具有自身的特长，即书面形式的案例分析测评可以对大量的被试者同时进行施测，与文件筐测验、无领导小组讨论、管理游戏等其他情景模拟方式相比，操作更方便，成本更低，测评过程也更容易控制。此外，案例分析既擅长测评通用能力（如判断能力、决策能力、口头或书面沟通能力、逻辑思维能力等），也适宜测评特殊技能（如计算投资效益）。当然，案例分析也有其不足之处，主要表现在：一方面，由于案例分析的评分受主观因素影响较大，因此，测评者对被测者评价的客观性难以保证，测评者信度难以提高。另一方面，案例试题，尤其是综合型案例试题，对案例材料的要求较高，因此，其编制难度较大。

四、案例分析的适用范围

首先，案例分析题的综合性能较强，更适合考察被测者理解、灵活运用理论知识的能力以及分析、评价与解决实际问题的综合能力。因此，案例分析比较适合于对中高级管理人员的选拔。其次，从案例分析在人力资源管理系统的作用来看，案例分析不仅可以作为中高级管理人才选拔的测评手段，而且可以作为人才培训的测评手段。现代企业十分重视雇员的培训与开发，根据案例分析的结果，我们可以更准确地了解雇员具备哪些能力，缺乏哪些能力，从而制定出针对性更强的培训方案。再次，案例分析测评的形式比较灵活，它既适用于笔试，也可用于面试。在案例面试中，被测者不需要写出分析报告，而是在面试环境中被问到关于这个案例的问题。案例面试没有“正确答案”，测评者想了解的是被测者解决问题的技巧、创造力以及是否能清楚地认识到一个决定很可能会对其他决定产生影响。在案例面试中，一些笔试案例分析难以测量的指标（如被测者面对测评者质疑的应变能力）能够得到充分的测量。最后，案例分析应用的专业范围也比较广泛，它不仅适用于非技术领域，也可用于法律、医学、财务等技术性较强的专业领域。

五、案例分析题本开发

案例分析采用单独书面作答的形式。向测评对象呈现一个复杂工作情景，并提出若干个（通常 1～2 个）有待解决的管理问题，要求测评对象针对问题进行书面分析作答，评委通过审阅测评对象的处理结果，对预先设计好的某些能力与素质指标进行评价。

1. 题本开发流程

案例分析题本开发一般要经历七个环节：确定测评目的；目标岗位分析；资料收集（含相关人群访谈）；设计测评要点；编制案例分析题本；开发案例分析配套材料；试测，修订题本及配套材料（如图 5—14 所示）。

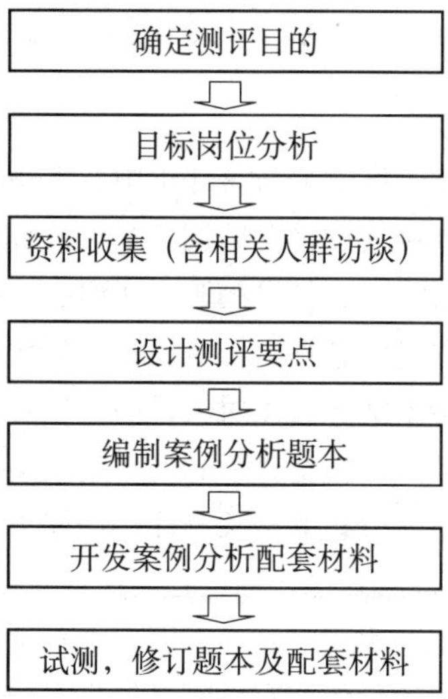

图 5—14　案例分析题本开发流程

（1）确定测评目的。先要确认测评的目的是公开选拔、内部竞聘或者后备干部选拔等，以便整体把握案例分析题开发的难易程度、复杂程度。

（2）目标岗位分析。针对目标岗位进行工作分析，深入了解目标岗位的日常工作流程、工作任务和工作内容，提炼目标岗位所需的工作能力。

（3）资料收集。通过文献资料、相关测评机构，以及与目标岗位相关的人群访谈等方式收集日常工作中经常出现的典型情景，也可对目标岗位的上级领导进行访谈，了解该岗位的整体情景等。

（4）设计测评要点。结合测评目的、工作分析、访谈结果及案例分析本身的测评指标适宜性，确定目标岗位案例分析的测评能力，将能力进一步细化为评估要点，并设计各评价指标的权重。

（5）编制案例分析题本。结合测评能力指标和访谈等方式收集的目标岗位典型工作情景，编制案例分析题本。

（6）开发案例分析配套材料。在此基础上，开发与测评能力指标相对应的评价标准、评分表等与案例分析测验配套的相关文件。

（7）试测，修订题本及配套材料。对案例分析初稿进行试测，分析题本的内容信度、效标效度等，进一步修订题本和相应的配套文件，确保题本的难度、区分度和科学性。

2. 题本开发原则

（1）真实性。案例需高度模拟目标岗位所遇到的出现频率较多的情景，问题的设计需与日常工作任务紧密相连。

（2）难度适中。案例中需解决的问题应是实际工作中遇到的棘手或是难以解决的问题，不能过于简单或明显，要让测评对象处理起来有一定的难度，这样才能真正考察测评对象的素质水平。

（3）内容全面、清晰。案例内容要包含背景资料、组织架构等信息，问题的设计不能过于笼统、烦琐，要控制对案例的理解误差，并且案例间要具有一定的关联性和系统性。

（4）开放性。案例分析中全部都是开放式问题，且答案不唯一。评分标准只能作为评分的基础，经验丰富的测评专家或实践专家要结合管理中的实际情况进行打分。

3. 题本及配套文件样例

（1）案例分析题本样例。

说明材料

您好！欢迎参加××集团营销中心部长公开选拔活动，现在您要完成的作业项目是“案例分析”。

“案例分析”是工作情景模拟活动的方式之一。它通过设定一种模拟的工作情景，让您对该情景下的问题进行分析、处理，从而了解您在模拟情景下的工作能力，并根据您的这种表现来推断您在真实工作环境中的管理风格和胜任能力。所以，您在处理文件的过程中必须保持专注，按要求对问题进行分析、论述，以充分展示您的才能与优势。

请您务必在完成本作业之前保证自己已了解以下要点：

1. 请先仔细阅读完全部材料，深入思考后再动笔，不宜草率。

2. 请在规定的时间内尽量对所有问题进行作答，纸面不够，可写在背面。

3. 作答要求语言准确、清晰，不要过分简单。

4. 必须在40分钟内完成所有文件的处理工作。

背景材料

啸天通讯公司于1985年成立，是中国通信设备制造业最大的上市公司、中国政府重点扶持的520户重点企业之一。1999年，啸天通讯公司A股在深圳证券交易所上市。

2011 年实现总收入 442.9 亿元，2012 年全年的销售额达 602.7 亿元。啸天通讯公司是中国通信设备制造业的开拓者、中国综合性的电信设备及服务提供商，拥有无线产品、网络产品、终端产品（手机）三大产品系列，在向全球用户提供多种通信网综合解决方案的同时，还可以提供专业化、全天候、全方位的优质服务，已向全球 140 多个国家和地区的 500 多家运营商提供优质的、高性价比的产品与服务，并与众多全球主流电信运营商建立了长期合作关系。

事件 1

最近，啸天通讯公司企业网营销中心因工作需要新成立了运营部，由中心原副总经理王明出任高级部长。运营部的主要职责是：对宏观经济、行业政策、公司存量资产、市场竞争情况等进行分析和评价，为企业网营销中心的资产运营提供支持。

走马上任以后，王明从企业网营销中心抽调了三位年轻骨干员工来担任运营一科、运营二科、运营三科的科长，快速完成了运营部的人员队伍配备。就在王明准备大干一场的时候，问题接踵而来：运营部门所承担的职责并没有完全清晰，与其他部门在业务对接方面发生了不少的冲突；部门成立后，并没有像预期那样受到公司领导的重视，各种所需资源很难及时到位；部门内部也是矛盾不断，年纪较大的员工不服三位年轻的科长，工作积极性低。王明很困惑，自己工作热情很高，又有很多的实践经验，为什么还不能高效领导运营部呢？

如果您是王明，您要如何对运营部进行调整以实现部门高效运行的目标？具体有哪些措施？其理由是什么？

事件 2

在制度化模式之外，啸天通讯强调温情化管理，这种管理模式强调管理应该是更多地调动人性的内在作用，激发员工的内在动力。例如，啸天通讯公司为员工提供了休息室，员工可以在这里看电视、读杂志、聊天、免费吃点心。

但是，在执行上述管理模式时，也存在一些漏洞。其中之一就是浪费问题，特别是在物资方面，浪费现象可以说是触目惊心。矿泉水和食物的浪费最为严重，其次是用电。根据财务部的测算，一个月物资浪费达到了 427 000 元。

1 个月之前，公司提出了降本增效的年度目标。如果公司委派您着手处理上述问题，您将如何应对？请简述你的思路和策略。

案例分析答题纸

（不够写反面）

姓名：

考号：

1.

2.

（2）案例分析指导语样例。

指导语（请您仔细阅读）

您好！欢迎您参加本次评估测验。

现在，您要接受的测评项目是“案例分析测验”。您将会在一个模拟的工作情景中“扮演”给定的角色，在60分钟内处理一些事件和问题。请在处理问题的过程中务必态度认真，尽量进入角色，按要求做出相应处理和回答，以充分展示您的工作能力和工作水平。

请把答案写在相应的答题纸上。

六、案例分析的组织实施

1. 时间要求

案例分析题本一般包括虚拟背景、需处理的文件等，其中的主体部分是2～8道待处理的案例问题，需要30～90分钟。

2. 人员要求

（1）纸笔测试。

人数：1位。

角色：主持人。

工作内容：

- 负责宣读测试指导语和测评注意事项。
- 回答测评对象关于测试方法和内容的相关的疑问。
- 负责案例分析测试进程的控制。

（2）评分。

人数：2位。

角色：一位主评委，一位副评委。

案例分析测验对评委的要求：

- 熟悉企业的基本情况，对目标岗位的内涵有深入的理解。
- 了解案例分析测评的理论和实践依据。
- 熟知测试题目的各种可能答案及题目之间的内在联系。
- 明确题目的评分原则、标准及测试要素的定义，并与其他评委达成一致。
- 评委应当在测试前得到充分的培训。
- 能够对测评对象进行独立、客观、公正、审慎的评价。

（3）工作人员要求。

人数：1位。

工作内容：

● 按照要求布置测评现场，通知测评对象准时到达测评现场并核对测评对象身份。

● 根据主评委要求发放题本，指导测评对象正确填写个人信息。

● 维持测评现场的秩序，保证测评活动正常进行。

● 测评过程中不能随意出入测评现场，并禁止闲杂人员进入。

● 测评结束后，根据评委的示意及时收缴全部测评对象题本，核对个人信息和文件数量，妥善保存。

● 测评结束后将测评对象带离测评现场。

（4）测评对象要求。

人数：根据测评活动总体安排和测评场地的情况而定，全部同时进行或分组进行。

测评须知：

● 按时到达指定场地。

● 无须准备，但在测评活动中应积极进入角色，全力投入。

● 仔细阅读测评指导语，明确测评注意事项。

● 独立处理案例问题，不允许交流讨论。

● 不允许向主持人提问与测评内容有关的问题。

● 测评过程中不能随意出入现场，并保持通信工具等不干扰测验。

● 不允许将与测评相关的材料带出现场。

● 遵守有关的保密要求。

3. 考场要求

案例分析测评的考场应尽可能地模仿测评对象的日常办公环境，使测评对象有身临其境的感觉，让其在最自然真实的情景下呈现日常工作的行为表现与行为特点。在测评对象较多的情况下，测评环境也要保证每个测评对象有独立的答题空间，确保相互之间没有干扰。

4. 组织与实施流程

（1）测评前准备。

● 确定参与案例分析研究测验的对象与人数。

● 开发案例分析测验题本、配套文件（指导语、评分表、评价标准、参考答案等）。

● 确定评委、工作人员。

● 开发组织实施流程配套文件与表格（工作人员安排表、测评对象信息登记表、考场物料清单等）。

● 选择与布置考场。

● 提前通知测评对象，并安排相应人员签到、接待。

● 把测评对象集中到考场。

（2）测评中流程。

● 主评委示意工作人员分发题本。

● 主评委宣读案例分析测评指导语。

● 测评对象按照指导语要求处理文件。

- 测评结束前半小时提醒测评对象注意控制时间。
- 主评委宣布测评时间到，测评结束。

（3）测评后工作。

- 工作人员收缴题本、核对信息。
- 引导测评对象离开测评现场。
- 密封、装订试卷。
- 评委阅卷、评分、给出排名与评价。
- 撰写报告（可选择）。
- 公布成绩（可选择）。
- 给予测评对象反馈（可选择）。

（4）组织实施流程配套文件样例。

在案例分析测评的组织实施过程中，会涉及一些配套文件及物料，主要包括：工作人员安排表；测评对象信息登记表；案例分析试卷（参加测评人数+2份备用）；案例分析答题纸（参加测评人数）；案例分析测验成绩汇总表；签字笔（参加测评人数+2份备用）；计时器（1个）；摄像机（1个）；草稿纸、水、电话等。

七、案例分析的评分与评价

案例分析测验评分过程较为复杂，对测评考官的专业要求较高。

1. 评分原则

测评对象在分析案例时，可能会因分析角度的差异做出不同的回答，评委必须把握分析的准确性和全面性进行评价。

（1）准确性。参考答案中的要点为分析的基本点，只有与要点相符或相近的回答才可以得分。

（2）全面性。回答中不仅要涉及参考答案所提到的要点，还要具体阐述要点中的全部含义，不可点到即止。

2. 评分流程

（1）评委独自评阅几位测评对象的文件处理结果，收集相应的典型行为，给出初评分。

（2）各位评委进行评分讨论，平衡个人之间的差异，在此基础上分别给出终评分，整理出相应的典型行为。

（3）如果安排评委分组批阅文件，当每一位评委批阅完第一份文件后，要及时进行交流，修订参考答案和评分要点，并就评分标准达成统一。

3. 评分方法

（1）题目评分法，对照单个题目或问题的考查要点进行评分。

（2）维度评分法，围绕着测评维度进行考查，有时候一个问题当中可能会涉及多个测评维度，需要对每个维度上的题目得分进行整合，该种方法难度相对较高。

4. 评分技巧

根据答题要点，对于测评对象在每个要点上分析的准确性和全面性进行评分。

（1）准确地回答要点的全部意思，则在该要点上表现为优秀。

（2）涉及参考答案中的要点，但未能全面进行阐述，则在该要点上得分减半，或根据实际情况减分，表现中等或良好等。

（3）测评对象回答中未能涉及参考答案中的某要点，则在该要点上不得分。

（4）对于答题要点规定之外的不良行为所作的分析不得分。

测评对象在各答题要点上所得的分数之和，作为其案例分析部分的最终得分。

5. 评分注意事项

（1）在案例分析评分中，评分参考答案不是唯一正确答案，要根据测评对象的处理依据或理由判断其处理方法是否合理、处理措施是否得当。

（2）因案例分析评分的复杂性，评分的最终结果应至少在两位评委充分讨论的基础上来确定。对于不太能确定的能力指标，可结合面谈进行澄清，在此基础上重新进行评分。

（3）当测评对象多个案例事件没有按时处理完成时，先就已处理的文件进行评分，之后再就测评对象的“统筹规划能力”或者“计划能力”等给出补充评价或适当减分。

第七节 演　　讲

一、演讲概述

演讲是指测评师给测评对象一个有关目标岗位的主题，要求测评对象在规定时间内（通常为10分钟左右）阐述其观点，在演讲结束后，测评师还要对测评对象提问。在演讲过程中，测评师要根据测评对象的语言、神情、肢体动作等评价测评对象的语言表达、说服和逻辑思维等相关能力。

演讲通常包括竞选演讲和辩论演讲，但演讲不一定是即兴演讲的形式，也可能是要求测评对象对小组案例做总结陈述或者就某一话题或问题阐述自己的看法等等。总而言之，演讲是评价中心技术中一种通过让测评对象就一指定的题目发表看法来评价其沟通技能和语言表达能力等相关能力的一种测评方法。

二、演讲的类型

演讲通常分为两类。

在第一类演讲中，使用的材料以及考察内容和书面案例分析完全一样。不同的是，演讲中要求测评对象将其分析的结果或计划口头表述出来。在测评对象口述完毕后，测评师会不断质疑其观点，测评对象则通过表述和捍卫其观点来进一步展现自己的沟通、言语理解、说服感召等能力。此类演讲是对书面案例分析的扩充，增加了对测评对象言语理解、说服力、应变能力等方面的考核。

在第二类演讲中，测评对象根据事先拟好的题目，对观众（员工、同事或上级）进行即兴演讲。演讲结束后，测评师将根据演讲内容进行提问。它适用于考核测评对象的沟通、战略思维、灵活应变等能力。

三、演讲的组织实施

通常，被评价者拿到一个演讲题目之后先准备 5 分钟再开始演讲，正式演讲的时间依据不同的演讲类型和测评要求而定，一般耗时大约为 30 分钟。演讲这种评价方法操作比较简便，而且节省时间。但是这种方法中无法看到被评价者与他人的交往过程，因此得到的信息比较有限。在很多评价中心中，演讲都是与其他评价方法结合起来使用的。

例如，在演讲与小组讨论的结合中，先由小组共同讨论一个问题，再派一个代表作演讲；在演讲与公文处理和资料分析的结合中，让被评价者根据文件中所提供的信息的分析进行演讲，这样既可以考察被评价者的分析能力，又可以考察被评价者的表达能力。

对于比较常见的演讲题目有以下几种组织情况。

（1）竞选演说：让被评价者竞争某个位置，各自发表自己的“施政纲领”。

（2）就某个问题发表自己的观点：这种情况通常会提供给被评价者一些文字材料，让他对材料中提供的问题发表自己的看法。问题包括公司的经营管理问题，也包括社会问题，通常是大家比较关注的一些热点问题。

（3）辩论式演讲：就某个有不同意见的问题，让两组被评价者各执一方，进行辩论维护己方的观点。

四、演讲的评分与评价

评价者可以从以下几个方面对被评价者的表现做出评价。

（1）语言表达：声音是否洪亮、清晰。语音语调的运用如何，是否有抑扬顿挫，语言的感染力怎么样等等。

(2) 仪态举止：举止是否自然、平静放松。注意在演讲过程中与面试官及其他小组成员等观众进行目光接触和眼神交流，切忌只是望着天花板或者低着头。还要注意演讲过程中手势的运用是否得当。

(3) 内容组织：逻辑是否清晰，对观点的论述是否有说服力，意思表达的层次如何，是否有条理性，内容是否吸引人，引人入胜的程度如何，是否能用具体可信的事例说服人。

(4) 时间控制：做演讲的时候语速应避免过快或过慢，否则可能早早结束或者超时。也不一定要刻意讲到时间正好。被测评者需要做的就是确保演讲发挥正常，整个演讲流畅自然，使人印象深刻。

(5) 对测评者的问题提问是对答如流，还是答非所问。

如果被评价者做到了以上的标准，则该演讲应该就是成功的演讲了。

【思考题】

1. 什么是评价中心?
2. 文件筐测验的特点是什么?
3. 什么是无领导小组讨论?
4. 角色扮演适合评价哪些指标?
5. 什么是案例分析?

第六章 多源反馈调查技术

【关键词】

多源反馈调查　评价主体　评价对象

第一节 多源反馈调查简介

多源反馈调查技术（multi-sources feedback），也称为360度反馈评价（360 degree feedback），就是由与被评价者有密切工作关系的人（包括被评价者的上级领导、同级同事、下属、员工本人、客户），如图6—1所示对被评价者进行匿名评价，从而全面、客观地搜集关于员工实际工作表现的信息，通过多次评价结果的连续跟踪和记录，帮助其认识自我的优势和不足，并通过反馈促进员工不断成长。该技术由美国学者爱德华兹等人于20世纪80年代研究发展而成，瞬时风靡全球，为世界500强企业所广泛采用。目前，国内越来越多的企业也开始应用360度反馈技术帮助员工发展。

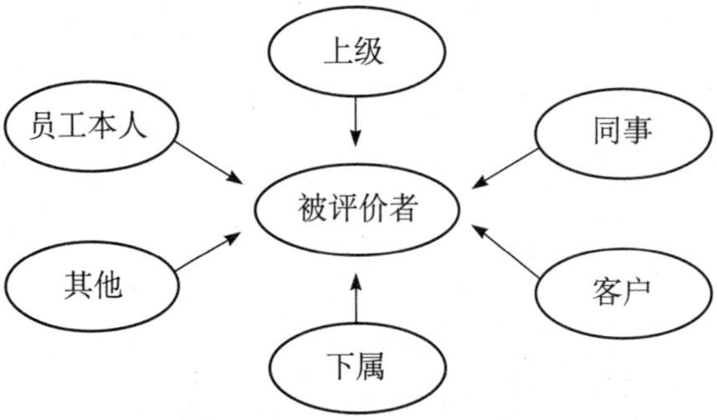

图6—1　评价者与被评价者的关系

多源反馈调查最大的特点就是多角度和多视角。在多源反馈调查中，被评价者处于被评价的中心，所处位置不同的评价者对被评价者进行评价。如图6—1所示，上级处于被评价者的0度位置。顺时针依次是同事、客户、下属等。这种方法使得评价者的范围和类型广泛地扩大，从不同的角度、不同的层次收集信息，对被评价者进行全方位的考评。考评的结果按照考评指标由人力资源部门或外部咨询机构对被评价者进行反馈，从而引导被评价者提升自己的能力和业务水平。由于资料来源的多源性，不同的信息可以互补，最终形成对被评价者较为公正和完整的评价，保证了评价的准确性、完整性和科学性。

第二节 多源反馈调查的理论基础

多源反馈调查技术综合运用了心理学、统计学、组织行为学、人力资源管理等多学科的知识成果。而其理论基础则是心理测试中的真分数理论。所谓真分，是指一个测量工具在测量没有误差时得到的真实值，代表测验所要测量的能力水平或者特质。真分数理论把测验或考核中的得分称为观察分或者实得分，将其看作真分和误差分的线性组合。实际上，真分只是一个构想的概念，在任何测量中是无法得到的，因为无论什么测量工具都不可能没有误差。

真分数理论可以用数学模型表示为：

$$E(X)=T，X=T+e$$ [①]

式中，E 为平均数；X 为实得分数值；T 为假设的真分值；e 为测量误差。其中由无关变量引起的但又是稳定的系统误差并不引起分数的改变，因而可以包含在真分值当中。

一个团体中，由于每个人的误差都是随机的，而且方向不同，所以，从理论上讲，只要团体足够大，其误差便会相互抵消，即：

$$E(e)=0$$

而在实际运用时，一般需要满足样本是大样本这个前提条件。因此，一个团体的平均真分值就等于该团体中所有被测者得分的平均值，即：

实得分数的变异数＝真分的变异数＋误差变异数

式中，真分的变异数还可以分成两部分：与测量目的有关的变异数和与测量目的无关的变异数。前者是由所要测量的变量引起的，后者是由其他无关变量引起的，但又是稳定的。

对于多源反馈调查而言，由于反馈着眼于不同的侧面，对任何一位组织成员都测量了多次，平均误差逐渐趋于零，实得分数就逐渐趋近于真分，进而在一个团队中，测量误差的变异数也就趋于零。因此，一组测量分数之间的变异数就只由与测量目的有关的变异数和稳定的但是出自无关变量的变异数所决定了，从而使测量值更接近于真分值。也就是说，从数据处理和量化的角度看，360 度绩效考评与其他考评方法相比，具有比较高的信度和效度。

---

① 参见郑日昌、蔡永红、周益群：《心理测量学》，42 页，北京，人民教育出版社，1998。

第三节
评价者特性分析

评价者又称“评价主体”，多源反馈调查的评价主体包括上级领导、同级同事、下属、员工本人、客户，有时也包括外部的专家。根据考评目的和客观条件的不同，上述主体在不同评价中有不同的组合。参与调查者必须对被评价者所从事的工作内容和性质、工作目标有着清晰的了解，并且在日常工作中有足够的机会来观察被评价者的工作行为，判断被评价者的工作是否达到应有的水平。只有满足了这个基本条件，才能保证后续的评价工作科学准确。

一、上级考评

这里所说的上级是被评价者的直接上级，通常上级的考评意见都占有最大的权重。

这和传统的绩效考核思路一致——大多数的组织都强调主管对下属的评价的决定权。这也是有道理的，因为上级最深入地掌握着组织的发展目标和下级的工作目标，从而可以较为清晰地判定下级的行为是否有利于实现相关目标。上级也掌握着对下属进行奖赏或者提供发展机会的权力。通过对下级的评价以及之后的反馈互动，上级也可以和下级进行更好的沟通，了解下级的需求和想法，发现下级的潜力。

但是，上级的考察也有一定的不足。上级掌握着奖惩的权力，导致下级在上级面前的表现具有虚假的一面，也就是下级在上级面前可能具有一定的掩饰性。同时，由于工作的具体性和复杂性，有些下级的工作内容上级是观察不到的。这导致上级的评价并不全面。这也是传统目标管理（MBO）绩效考核所固有的不足。

二、同级考评

较之上级和被评价者接触有限，同级可能是和被评价者接触最多的人。他们可以在日常的工作中和被评价者全面地互动，深入地了解被评价者的行为特点和做事风格。所以如果同级能够较客观地评价被评价者，那么他们给出的评价将是最具有参考价值的。

有研究表明，同事评价可以较好地预测组织成员能否被提升，对成员提升后的绩效也有较好的预测作用。而且通过同事间的互相评价，可以在日常工作中建立一种良性的竞争氛围。在这种氛围的促进下，组织成员会在日常工作中不断努力，争取有更好的工作表现。

当然，同级评价也有其不足之处。一方面，参与评价的同事必须是和被评价者有充分的工作接触的。不同的工作部门合作的机会是不同的，如果在评价中不考虑平时接触频率而将所有同级都纳入评价者中将会大大降低同级评价的准确性。另一方面，同级评价可能更多地卷入个人情感因素。这其中包括平时的个人恩怨喜恶，以及由于奖惩带来的同事间利益之争，这都会影响评价的客观公正。

三、下属考评

下属也是多源反馈调查评价主体的重要组成部分。下属在日常工作中也和被评价者有着充分的接触，在团队建设、识人用人等团队管理指标上有着举足轻重的发言权。下属的评价结果对被评价者管理能力的评价有着重要的参考意义。同时，下属参与评价上级也等同于将下属纳入日常的管理决策当中，提高了员工的参与性与主动性，为组织创造了良好的民主氛围。

不过，下属考评同样存在一定的不足。首先突出表现在下属评价时的顾虑心理。由于上级对下属有奖惩的权力，下属在评价时常心存疑虑。特别是下属人数较少，很难让下属放心做出客观评价。其次，下属对上级的了解可能比较片面。下属的角色和其能力的局限性使得他们很少能参与到决策的过程中了解全局动态，而更多的工作内容是去执行。所以在评价上级时，他们对上级行为和战略实现关系的把握能力就要弱得多，这可能导致评价时有些指标判断得不准确。再次，下属可能通过评价变相地讨好上级，这也会影响评价的客观性。

四、自我考评

自我考评就是被评价者按照考评指标对自己进行评价的过程。在某些企业，自我考评的成绩并不计入考评的总分，但这并不意味着自我考评可有可无。相反，自我考评在整个多源反馈调查中通常而言是必不可少的，其结果有着无可替代的作用。

班杜拉的自我效能感理论①以及崔琦和阿什福德的自我调整模型②是自我考评中涉及的两个重要理论。班杜拉提出，自我效能感是个体在特定领域实现目标所需要的能力或者信念。而崔琦和阿什福德研究了管理者在面对自己的实际绩效和别人对自己的期望绩效出现差异时，如何处理这种差异。他们提出了适应性自我调整模型（adaptive self-regulation model)，认为被评价者通过标准设定、侦察差异和减少差异的过程，实现自我的调整。

对应在多源反馈调查中，他人的评价就是标准设定的过程，自我的评价属于侦察差

① See Bandura A.，"Self-Efficacy Mechanism in Human Agency," *American Psychologist*，1982，37 (2)：122-147.

② See Tsui，A. S. & Ashford，S. J.，"Adaptive Self-regulation：A Process View of Managerial Effectiveness," *Journal of Management*，1994，20 (1)：93-121.

异。如果能正确引导，在自我效能感的中介作用下，评价者会通过自己的行为来减少差异，实现绩效的改变。

所以自我考评最大的作用就是让被评价者通过考评进行自我盘点。之后通过和他人评价结果的比较明确自己的长处和不足，从而进行自我调整，最终实现自我的改进和提高。

五、客户考评

客户是一个广义的概念，既包括内部客户，又包括外部客户。凡是接受被评价者服务或者处于被评价者流程下端的人，都可以成为客户。

内部客户主要是组织中的其他部门、团队的成员。在一般的时候，内部客户的评价和同级的评价有一定的交叉，对内部客户的考察可以融入同级考察当中去。

外部客户指的是外部的经销商、消费者、有合作关系的外部组织等。外部客户考评有以下几个优势：首先，外部客户独立于组织之外，受到的利益关系制约较少，能够较客观地评价被评价者；其次，由于客户站在被服务者的角度上，可以更好地反映出被评价者服务质量的高低；再次，通过客户参与评价，可以将企业重视服务的观念更好地传达出去，提升组织形象。

客户评价也有一定的弊端，主要在于：首先，客户所了解的内容有限，客户可以较好地评价例如“客户意识”、“服务导向”等指标，但对于被评价者的内部管理、战略执行等指标可能了解相对较少；其次，客户评价操作相对复杂，不论是问卷的发放收集、质量的保证还是进程的控制，客户评价操作起来都要远复杂于组织内部人员，如何让客户积极主动地参与到评价当中是一个较大的难题；再次，可被外部客户评价的评价者较少，一个组织中只有靠近市场端的人员如客服人员、销售人员才能为客户所了解评价，而前期开发、内部管理等岗位的人员是不能由外部客户评价的，这样就增加了后期不同岗位被评价者分数比较的困难。

六、外部专家

除了以上评价者之外，考评还可以引入外部专家。外部专家角色一般由外部咨询公司顾问或专家承担。由于外部专家有着专业的评价知识和脱离组织利益关系的独特身份，往往可以更客观、更准确地评价被评价者。但是这样操作对外部专家的能力要求较高，需要外部专家在短时间内了解组织文化、流程、发展状况、工作内容等多种因素，这样才能更好地评价被评价者。而且由于引入专家的成本也较高，在具体评价过程中一般较少使用。

外部专家的角色更应该出现在评价过程的组织和后期调查反馈、被评价者发展指导上面。在评价过程中，引入第三方专家组织评价一方面可以降低评价者的防御心理，保证评价的匿名性，另一方面也可以规范评价流程，从技术层面保证评价的科学性。而在后期的调查反馈和发展指导方面，外部专家则可以充分发挥知识、技术优势，通过对被评价者短板的反馈和指导，更好地帮助被评价者进行自我发展的规划，从而真正做到以发展为目的的调查。

第四节 多源反馈调查的目的

考评的目的对考评内容、评价标准、方法选择、结果应用等方面都具有决定性的作用。无论何种形式，考评之前必须制订考评计划，确定考评的目的。不应单单为了考评而考评，更关键的是通过考评发现组织中的问题，完成组织目标。美国组织行为学家约翰-伊凡斯维奇认为绩效考评可以达到以下 8 种目的：

- 为员工的晋升、降职、调离、离职提供依据。
- 组织对员工的绩效考评的反馈，达到取长补短的目的。
- 为员工和团队对企业所做的贡献进行评估。
- 为员工的薪酬决策提供依据。
- 对招聘选择和工作分配的决策进行评估。
- 了解员工和团队的培训和教育的需要。
- 对培训和员工职业生涯规划效果的评估。
- 为工作计划、预算评估和人力资源规划提供信息。

无论如何划分，考评的目的还是主要分为两大方向：传统绩效考核方向和发展方向。传统绩效考核方向即将考核作为独立的手段使用，其结果与绩效、薪酬等直接挂钩；而发展方向则更符合现代绩效管理观念，将考评作为整个绩效管理中的一环，与之配套的是反馈培训等发展手段，目的是最终实现被评价者的发展。

考评目的不同，评价者和被评价者的反应会大不相同。当考评的结果主要用于晋升、薪酬等传统绩效考核领域时，被评价者和评价者就会更多地患得患失，其间的利益关系将会影响考核的客观性和准确性；而当考评的结果用于发展目的，与结果挂钩的不再是升迁等利益，而是培训、辅导等发展手段时，参与人员一般能够较为平静地面对。相对而言，被评价者会正确对待考评的结果，将考评作为契机，促进自身发展。

不同的考核目的侧重点也不相同。如果是将多源反馈调查的结果直接与升迁、绩效挂钩，则不建议仅用这一种考评方式进行考核。因为多源反馈调查虽然在一定程度上实现了定量分析和定性分析的结合，但本质仍然为对过程的定性分析。仅仅采用这一种方法必然导致组织成员行动时更重过程而轻结果。所以一般在将多源反馈调查的结果应用于传统绩效考核时最好能与注重结果的关键绩效指标法（KPI）等方法结合，过程结果双考查。当多源反馈调查应用于发展时则应该注意以下问题①：

● 应该把多源反馈调查的使用贯彻到组织的整个员工发展计划中去，使它有助于每个员工的发展，而不能把它看成惩罚的工具，也不能把它仅用在低绩效者身上。

● 确定并培训公司内部专门从事多源反馈调查工作的人员，使他们能同员工一起检查考评反馈，并提供一些具体的方案去使用这些结果来提高他们的绩效。如果公司没有相关人员，就应该联络外界的专门机构来合作完成。除非管理者在这方面有丰富的经验，否则不要轻易使用这种工具。

● 不应该在组织士气低落、走下坡路时使用多源反馈调查，这会造成内部的信任危机。

● 当多源反馈调查的结果仅仅用于发展目的时，所有的调查结果报告都应该交给被评价者，让他们对照参考。

● 调查的项目都应该有参考的答案，开放式问题也是一样。这样就可以让被评价者在改善时有所参考。

● 组织应该自上而下地使用多源反馈调查，不应仅仅用于低层次员工。即使不同层级使用不同的问卷，每个员工也可以从中受益。

● 管理者应该学会通过调查的过程完成工作计划。不允许管理者借助多源反馈调查而回避员工发展中他们的责任。

● 通过多源反馈调查的过程逐步完善现有的考评实践，而不是用其代替日常考评。多源反馈调查可以帮助发展企业的人力资源。

将多源反馈调查的结果用于何处，这取决于组织管理者的管理目的，图 6—2 列举了一些多源反馈调查可以应用的领域。提醒使用者注意的是，在确定目的后一定要按照目的采取相应的配套措施促进目的的实现，只有这样才能最大限度地发挥多源反馈调查的作用，使其为组织所用。

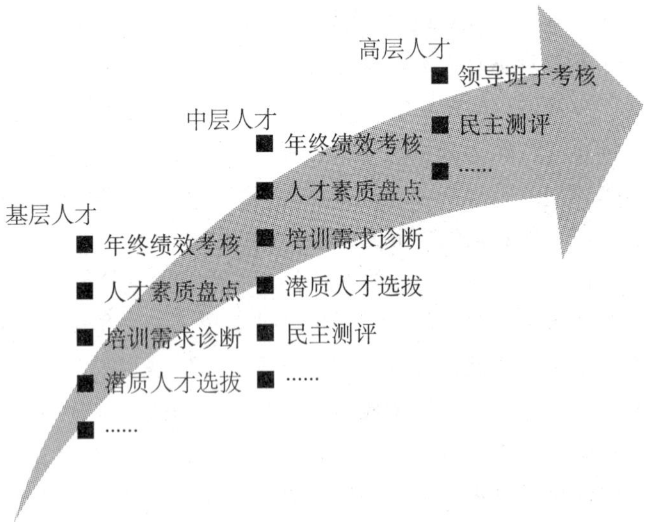

图 6—2　多源反馈调查可应用领域

① See Frankel, L. P., "Using 360-Degree Feedback Instruments: Holding up the Mirror," *Employment Relations Today*, 1997, 24 (1): 37-50.

第五节 评估模型确定与题目开发

一、评估模型概述

多源反馈评估调查的评估模型实质上就是用于评估的指标和权重以及其衍生出的典型行为模式的集合。通过评估模型中指标、权重的确定和评估标准的划分可以有效地区别高分者和低分者，从而达到评估的目的，如图 6—3 所示。

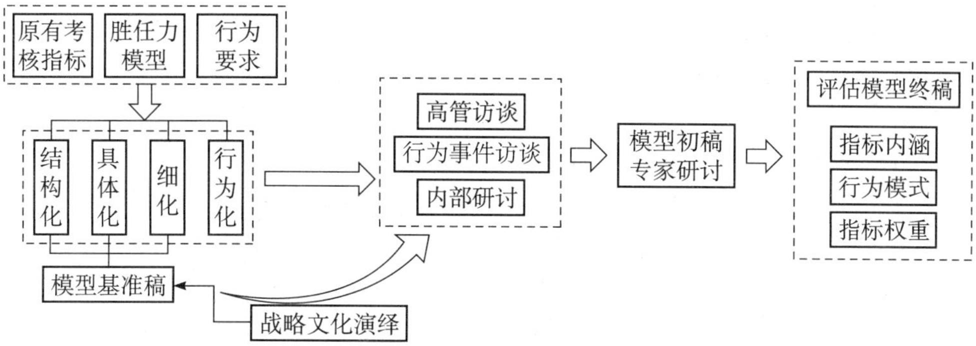

图 6—3 多源反馈调查评估模型

在绩效评价指标的选择上，不同研究者、不同实践中指标的划分有着不同的原则。总体而言，目前国内外关于工作绩效的模型常见的有两种。

第一种是潜变量模型，这些潜变量是对所有工作绩效特征的概括，所以用这些潜变量就可以描述所有工作的特征。如坎佩尔等提出的工作绩效模型[①]就属于该模型，他们认为工作绩效是一个三维函数，这三个维度分别是描述性知识、程序性知识和技能及动机。从这三个维度可以分成几个具体的绩效成分或因素：

- 具体工作任务熟练度。
- 非具体工作任务熟练度。
- 书面和口头沟通任务。
- 外显的努力和自律。
- 促进团队和同事的工作绩效。
- 管理、领导和监督。

我国传统考查干部所用的“德、能、勤、绩、廉”指标大致就属于这种划分方式，只是相对粗略罢了。

---

① See Campell, J. P., “Modeling the Performance Prediction Problem,” In Neil Anderson et al. (eds.), *Handbook of Industrial, Work & Organizational Psychology*, London: Sage Publication, 1990, pp. 705 - 715.

第二种类型是试图分析绩效成分的关系，以便于更多地了解绩效空间。例如博曼和莫托维多将绩效分为任务绩效和周边绩效。[①] 任务绩效包括两类行为：一类由与生产和服务直接相关的活动组成；另一类由维护技术核心的行为组成。周边绩效不支持组织本身的核心技术，它支持更广泛的组织、社会和心理环境。在这个环境中技术核心才能得以运行。周边绩效有五个类型：

第一，志愿完成并不是自己正式工作范围内的工作。

第二，必要时能够以超额的热情成功地完成所要求的任务。

第三，帮助他人以及与他人合作。

第四，即使在自己不方便的时候也能够遵循组织规定和程序。

第五，对组织目标的认可、支持和维护。

博曼和莫托维多进一步将周边绩效分成两个方面：人际促进和工作奉献。[②]

一方面是研究者指标体系划分的差异；另一方面，根据企业的目标和性质的不同，以及工作岗位和工作性质的差异，指标体系又有较大的调整和变化。所以，在实际操作中应该以调查目标为导向，灵活地掌握评估模型的指标体系，为实际工作所用。不必追求全部概括，只要能够有助于调查的顺利完成，能包含典型绩优行为，都可以称为好的指标体系。

在指标的提炼和行为化的过程中，应该把握以下几个原则：

第一，结构化。提炼的指标和对应的典型行为模式应该满足结构化的要求。一级指标、二级指标、维度等层次清晰，概念准确。这样一方面可以保证在评价中便于操作，便于理解；另一方面也有助于宣导培养，在以后的培训发展中更具有针对性。

第二，具体化。指标确定后要进行分解，分解成指标的不同维度构面。例如“沟通协调”这个指标，就可以分解成“倾听反馈”、“冲突处理”等维度，这样在具体评价时就能保证评价全面有效。

第三，细化。细化是指模型要具体到最终的行为模式上去，以便于评价者落实评价。

第四，行为化。这也是模型建构的重要原则。只有保证了行为化才能保证所评价的指标是可观察、可评价、可培养的。如果行为模式的内容停留在不可观察的意识层面，那么评价者给出的评价也是不可靠、不准确的。

二、评估模型初稿编制

了解了多源反馈调查评估模型的内容，接下来就进入具体的资料分析、模型初稿建构阶段。

多源反馈调查评估模型初稿的原始资料的主要来源大致有三个部分：岗位资料研读、

① See Borman，W. C. & Motowidlo，S. J.，“Expanding the Criterion Domain to Include Elements of Contextual Performance，” In Schmitt，N. & Borman，W. C. （eds.），*Personnel Selection in Organizations*，San Francisco：Jossey Bass，1993，pp. 71－88.

② See Scotter，J. R. V. & Motowidlo，S. J.，“Interpersonal Facilitation and Job Dedication as Separate Facets of Contextual Performance，” *Journal of Applied Psychology*，1996，83（4）：586－597.

战略文化演绎、访谈编码。

1. 岗位资料研读

在构建评估模型之初，首先要进行的就是要对已有材料进行细致整理，从中抽出有用的信息，形成评估模型素质指标的基准稿。已有的资料包括组织胜任素质模型、以前考核所用指标、工作行为规范、述职报告等等。

很多组织构建有自己的胜任素质模型。胜任素质模型（competence model）是指“能将某一工作（或组织、文化）中有卓越成就者与表现平平者区分开来的个人的深层次特征，它可以是动机、特质、自我形象、态度或者价值观，以及某领域知识、认知或者行为技能——任何可以被可靠测量或者计数的并且能显著区分优秀与一般绩效的个体的深层次特征”①。在过去一个时期的评价结构探索中，是否基于胜任素质模型设计评价结构，如何来选择和界定胜任特征评价模型的因素构成，一直是多源反馈调查研究的焦点之一。一开始人们设计评价结构要素时往往带有较大的随意性，后来实践证明，要想让多源反馈调查发挥更大的作用，需要基于一个可参照的“平台”。所以很多学者建议用胜任素质模型来构建多源反馈调查的评价模型。胜任素质模型中的素质特征虽然不能直接作为评价指标，但是它与各种管理行为指标有直接的联系，借助胜任素质模型指标就能产生相应的行为评价指标。如果一个组织有自己的胜任素质模型的话，只需要对胜任素质模型指标和典型行为进行落地转化，就可以转变成胜任素质模型指标和行为指标。

如果一个组织并没有胜任素质模型，那么前期的资料分析还可以从述职报告、工作报告、岗位描述等资料入手，通过提炼总结，抽取出一定的指标和典型行为。提炼的方法是首先通读全文，将资料中典型行为模式全部勾画出来，最后再进行抽象概括，完成对相关资料的提炼，如图 6—4 所示。

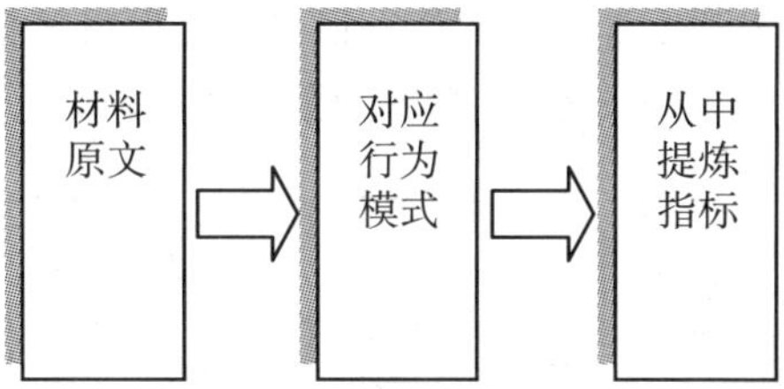

图6—4　通过研读岗位资料提炼指标的方法

2. 战略文化演绎

前期资料分析的另一个重点工作是对组织战略文化进行分解演绎，如图 6—5 所示。

如果说资料研读分析着重对过去发生的行为和已有的行为模式进行归纳概括的话，那么战略文化演绎更侧重对未来几年内组织所倡导的典型行为的演绎推理。组织的战略决定了组织未来几年内的发展方向，其中蕴涵的转型和变革必然包含了对未来组织成员的行为要求。对战略文化进行演绎推理可以在多源反馈调查的模型中体现出相关要求素

① Spencer，L. M. & Spencer，S.，*Competence at Work：Models for Superior Performance*，New York：John Wiley and Sons，1993.

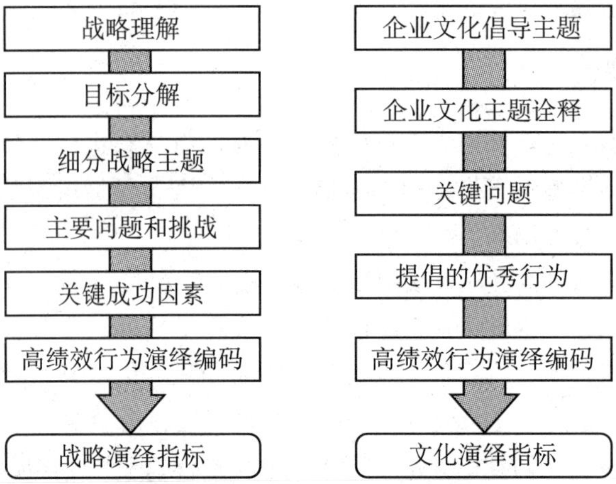

图 6—5　组织战略文化分解演绎

质，从而倡导组织成员锻炼提升，更好地为组织未来服务。

战略文化演绎所分析的资料包括组织的发展战略文件、组织文化的相关文件等。详尽、细致的战略文化演绎和资料研读工作可以使指标的拟定有的放矢，为接下来的行为事件访谈打下良好的基础。

3. 访谈编码

访谈可分为行为事件访谈和高管访谈两种。

行为事件访谈（BEI）的原理就是通过一系列问题（如："请您谈一下过去工作中遇到的最有挑战性的事情，当时的情况如何，您是如何解决的?"）引导被测者讲述自己过去工作中遇到过的一些典型的、与所测评的胜任力指标高度相关的行为事件。收集其在处理上述事件中的具体行为和心理活动的详细信息，进而将其概括为在一般意义上的胜任力指标，如图 6—6 所示。行为事件访谈应遵循 STAR 模式：

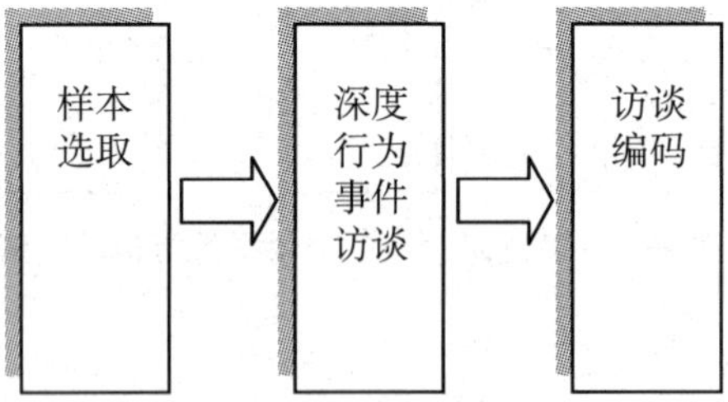

图 6—6　行为事件访谈原理

- 情景（situation），即关于事件的背景信息。
- 任务（task），即当事人面临的具体任务或所要达成的目标。
- 行动（action），即当事人针对上述任务或目标所采取的具体行为。
- 结果（result），即当事人所采取行动产生的结果。

行为事件访谈应从组织现有相关岗位中分层级分岗位类别选择绩优者（参考近三年绩效考核结果）作为访谈样本。访谈对象数量并没有严格规定，如果前期资料收集充分则可以相对少一些，但理论上目标岗位（被测评岗位）人数不应少于 10 个，且所选对象应该在相应层级岗位具有代表性。

除了目标岗位的行为事件访谈外，访谈对象还应包括目标岗位的上级或者高层，即进行高管访谈。这样一方面可以更全面地了解目标岗位的工作内容，另一方面也可以进一步明确和确认组织文化、组织战略等。

在访谈阶段，应制定详细的访谈提纲，以保证访谈的结构化和有效性。不同层级的访谈提纲应有所不同。高层的访谈应更注重战略的了解，而目标岗位则更注重具体情景下 STAR 模式的了解。其他访谈中还应注意一些基本的访谈原则，在访谈中可灵活掌握，只要可以保证访谈资料翔实有效都可以为访谈所采纳。

高管访谈问题举例：

- 组织定位和战略目标。
- 组织战略对目标岗位的要求。
- 组织管理者（干部）与组织文化的匹配度。
- 组织管理者（干部）未来的发展导向。
- 本次多源反馈调查目标。

目标层访谈问题举例：

- 工作中的成功事例。
- 工作中的困难情景及克服。
- 其他典型工作情景。
- 已归纳指标排序、看法。

访谈的最后阶段是对访谈结果的整理，即编码工作，如图 6—7 所示。通过对访谈中关键行为的同级概括从而形成关键指标，再经过统计分析形成最终指标。从实践来看，这一步较为复杂，需要投入较多的时间和精力。

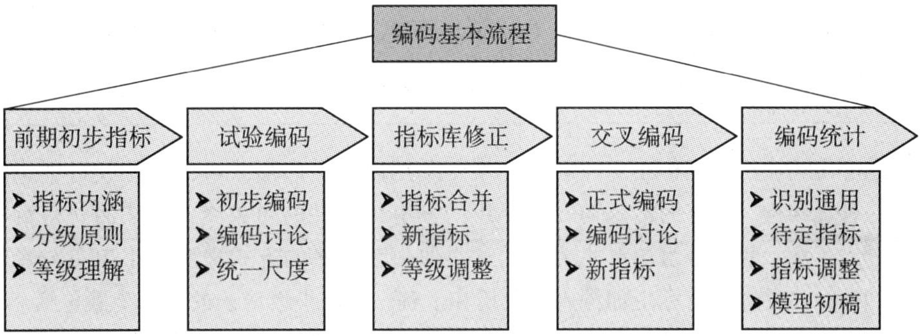

图 6—7　访谈编码基本流程

编码可分为行为式编码和理解式编码两种。行为式编码是指被访谈者的具体行为与评估模型指标库中的指标有直接的对应关系，即行为直接指向指标。理解式编码则是基于对被访谈者的一贯行为模式和典型管理风格的整体理解进行编码，即不要求指标与行为一一对应，更强调总体性的归纳和理解。

经过资料分析、战略演绎、访谈编码等步骤，多源反馈调查的评估模型指标库就初步形成了。资料收集的全面性和资料分析的准确性是本阶段工作的关键。

三、评估模型校验与确定

模型初稿确定之后要对模型进行反复的探讨和验证以得到最优化的模型结构和内容。模型验证常用的方法包括普遍性问卷调研、焦点小组访谈、内部专家研讨等。

普遍性问卷调研是通过问卷的方式在更广泛的范围内调查目标群体对指标看法的一种方式（见表6—1）。由于行为事件访谈的对象数目有限，在确定了模型初稿后可以通过问卷的方式征求更多人对已有指标的看法，并通过评价指标重要程度确定权重，并查漏补缺。在最后还可以通过开放式问题收集更多的指标建议和行为模式。普遍性问卷调研包括以下三个步骤：

第一，工作样本选取。样本涵盖组织高层、中层、基层。

第二，问卷的编制和发放。根据资料研读、战略文化演绎和行为事件访谈编码所得的指标编制问卷。

第三，问卷数据处理。对问卷所得数据进行统计处理，初步确定模型的入选指标。

表6—1　　普遍性问卷调研表样例

<table>
<tr><th rowspan="2">序号</th><th rowspan="2">指标名称与定义</th><th colspan="3">重要性等级</th></tr>
<tr><th>非常重要</th><th>比较重要</th><th>一般重要</th></tr>
<tr><td rowspan="2">1</td><td>责任意识
含义：主动、认真地履行工作职责和义务，对自己在工作中的行为及其结果负责，不计较个人得失。
指标理解：在紧急或困难等情况下，为了公司利益，勇于承担超越自身常规职责的任务，承担责任带来的风险与压力。</td><td>□</td><td>□</td><td>□</td></tr>
<tr><td>您认为有哪些对应的行为：</td><td></td><td></td><td></td></tr>
</table>

焦点小组访谈法，又称小组座谈法，就是采用座谈会的形式，由一位经过训练的主考官以一种无结构、自然的形式与一个小组的具有代表性的对象交谈，从而获得对有关问题的深入了解。焦点小组访谈主要是通过类似头脑风暴的方式来激发小组参与者对相关指标的探讨，促进对指标更加深入的分析和了解。焦点小组访谈的主要步骤包括：

第一，准备焦点小组访谈。准备的内容包括环境设施的准备、参与者的挑选等。焦点小组人数一般控制在6～8人，主要参与成员同行为事件访谈对象类似。

第二，选择主考官。主考官是焦点小组访谈成功的关键。主考官应具备良好的沟通技巧，把握访谈进程。

第三，编制讨论指南。讨论指南是小组中涉及内容的概述，包括讨论的阶段步骤以及各个指标在讨论中所占的比重等等。

第四，小组讨论内容分析整理。

内部专家研讨的形式类似于焦点小组讨论，只不过讨论参与者换成了5～7名组织内部的资深管理人员。经过公司内部专家的研讨，再次对模型初稿进行修订，编制模型终稿。

多源反馈调查的模型终稿主要由以下几部分组成。

● 一级指标。一般由具有高度概括性的词语组成，用于划分大的指标领域，如“团队管理”、“任务管理”、“自我管理”等；或者为了便于宣导，也可表述成如图 6—8 中所示的“善决策”、“能管控”、“有道德”、“带队伍”等通俗说法。

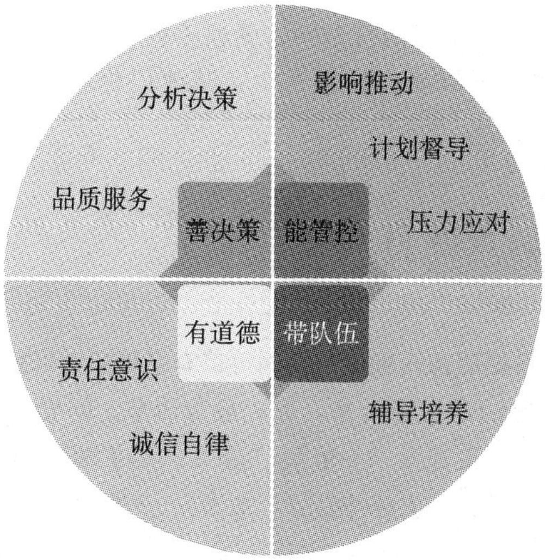

图 6—8　模型终稿的一级指标

● 二级指标。二级指标对应真正意义上的考核指标，是对某类优秀行为的概括性描述。素质指标必须满足以下三条原则：可观察、可衡量、可培养。二级指标数目可按测评的目的调整，但一般不宜过多，以避免影响评价准确性。通常二级指标保持在 5～9 个为宜，如表 6—2 所示。

表 6—2　模型终稿的二级指标样例

<table>
<tr><td colspan="3">指标名称：品质服务</td></tr>
<tr><td colspan="3">指标定义：
具有服务意识，能够关注客户（包括内部和外部、与工程相关的各方）不断变化的需求……</td></tr>
<tr><td rowspan="2">指标构面</td><td>主动服务</td><td>● 具有主动帮助和服务客户、满足客户需求的愿望，能积极响应客户的要求。
● 能换位思考，关注客户对服务的满意度，集中精力发现客户需要并给予满足。
● …………</td></tr>
<tr><td>…………</td><td>● …………</td></tr>
</table>

● 指标定义。指标定义描述了指标的内涵。一般遵循以下定义方式：（被评价者）具备哪些能力或通过什么样的行为，达成何种目标。

● 指标构面。是对指标的精细化拆分，即考察某项指标的关键点。一个指标可能包含多个相关的维度，通过指标构面可以将指标分解后更清晰地表现出来，更容易为评价者和被评价者理解。

● 典型行为模式。在构面确定后，应将每个指标构面对应的典型行为通过概括语言抽象出来，一方面便于评价者理解，另一方面便于出题。

● 指标权重。对于不同岗位，不同指标所占的权重应有所差别。比如客户服务岗位中，有关“客户导向”方面指标的权重就应高于普通岗位。指标权重也可以随测评目标等的变化灵活调整。不同指标权重的变化可以体现出一个组织在战略、工作重点方面的变化。

● 评价者权重。不同评价者的打分所占的权重也不相同，所以需要在模型中设定评价者权重。通常而言，上级所占权重最大，其他评价者所占权重可按照具体情况而定。

四、多源反馈调查题目开发

多源反馈调查的题目按照深入程度的不同可以有多种实现形式。

第一种形式就是传统的等级评价法，形式最为简单。问卷的题目将评价指标列出，评价者在后面的“优秀”、“良好”、“一般”、“差”、“不了解”等选项中按照自己的了解勾选。最后再对被评价者进行一次整体打分，如表 6—3 所示。

表 6—3　等级评价法问卷样例

评价项目	评价等级（请在选择栏中打“√”）				
	优秀	良好	一般	差	不了解
政治思想素质					
管理及业务能力					
工作业绩					
团结协作					
综合评价	优秀	称职	基本称职	不称职	不了解

第二种形式和第一种类似，评价项目也是整个指标，不过对选项的对应等级做了一定的解释，选项不仅停留在“优秀”、“良好”、“一般”、“差”、“不了解”上，如表 6—4、表 6—5 所示。

第三种形式与前两种比则相对丰富和复杂。题目的评价项目不再是直接对指标的展示，而是将指标分解成维度，再分解成行为模式。如图 6—9 所示，可以通过“行为模式”、“程度判断”、“判否”、“频率”等选项形式展现被评价行为，对被评价者进行打分。

总体而言，前两种方式操作相对简单，但结果远不如第三种精确。前两种方式由于对指标采取整体模糊评价的方式，打分上随意性较大，只能表现整体印象分数。第三种方式对应了行为化的题目，评价起来有的放矢，可以实现准确评价。但是第三种方式对评估模型要求较高，只有经过完整的建模步骤才能实现精确行为化。由于第一种方式过于模糊化，越来越多的组织开始采用行为化的评价题目来完成评价，如表 6—6 所示。

表 6—4 题目开发形式样例一

被评价者姓名		职位		部门	
评价指标		分值	程度描述		
个人素质（10）	民主性（5）	5	民主性强		
		4	民主性较强		
		3	有民主性		
		2	民主性较差		
		1	民主性差		
	品德修养（5）	5	谦虚谨慎，能坚持真理、修正错误		
		4	坚持实事求是原则		
		3	尚能实事求是		
		2	作风浮夸，人云亦云		
		1	表里不一，阳奉阴违		

表 6—5 题目开发形式样例二

被评价者姓名		职位		部门	
评价指标		分值	程度描述		
工作业绩（20）	办事速率（10）	10	速度超群		
		8	速度在标准以上		
		6	速度符合标准		
		4	速度离标准还差一步		
		2	离时间要求相差甚远		
	工作质量（10）	10	工作质量无懈可击		
		8	工作质量在标准以上		
		6	工作质量符合标准		
		4	在保持质量方面时有误差		
		2	工作质量难以保证，需要经常检查其工作		

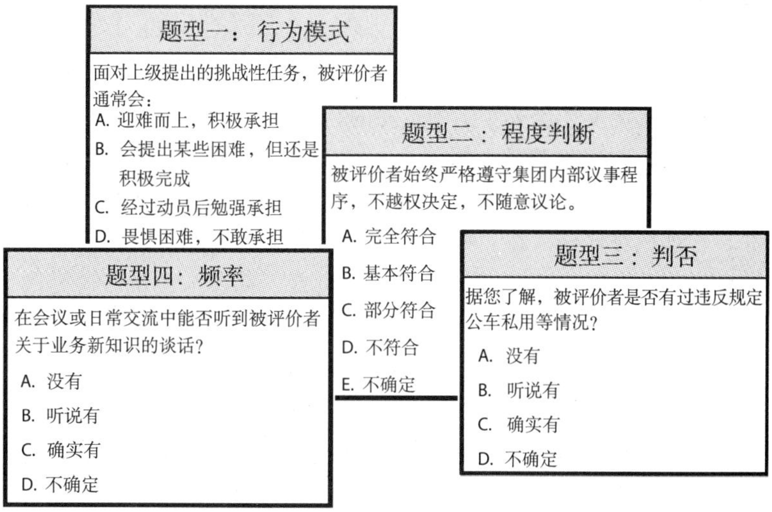

图 6—9 题目开发形式样例三

表 6—6　　行为化的评价题目样例

服务意识	需求识别	在年度工作开展前，主动获取各个部门的各种人力需求
		定期了解员工所关心的人事问题
		主动了解各部门的运作情况以及对人员招聘、培训等方面的要求
	服务策略的针对性	为相关部门或人员提供服务时能够进一步明确对方的需求，对自身的服务进行有针对性的调整和优化
		制定的人事流程和制度切实解决了经理或主管所提出的问题
		跟踪人事工作的质量和效果，积极听取各部门对人事工作的反映
	期望满足	及时改善公司员工的工作环境，提高员工满意度
		能在原则范围内尽可能满足员工或顾客的要求
		对员工提出的要求和意见尽快做出反馈和答复

多源反馈调查的题目从数量上而言并没有严格的规定。从一般统计原理来说，题目数量越多误差越小，测量结果可信度越高。但一方面对评价者的要求会不断增高，题目越多越细化就要求评价者对被评价者越了解；另一方面，题目越多，评价中的疲劳、倦怠因素就越可能对结果产生负面影响。所以实际操作中，题目数量要视实际状况而定，在题目数量和准确性方面达到均衡。

第六节 多源反馈调查组织实施

一、人员关系分配

评价者的选择是多源反馈调查实施中重要的一环。

选择被评价者时，应注意以下几点：

第一，评价者应对被评价者有充分了解。并不是工作中所有和被评价者接触的人都适合参与评价。比如同级评价，在一些大的组织中，和一个部门负责人平级的部门可能多达十几个，但并不是一定需要所有部门的相关负责人都参与评价。这是因为不同部门工作内容不同，和别的部门接触的频率也不相同。在选择评价者时，一定要选择和被评价者熟悉并充分了解被评价者的部门同事，而不仅仅以层级作为划分标准。

第二，每个评价者评价的人数应视测评目的、测评题目数量有所变动。多源反馈调查中每个评价者少则评价 3～5 个人，多则评价十多人。当评价者数较少时，可以保证评价者作为最亲密接触者做出相对准确的评价。当评价者密切接触人较多时，也可增加被评价者数量。但评价者数较多时要考虑测评题目数目的影响，以防测评题目数目较多影响评价者的评价效果。

第三，下属评价者人数应保持多个。在只有一名下属或者下属数量少的情况下，下属缺乏匿名性。由于上级掌握的奖惩权力将影响下属评价者做出客观公正的评分，所以在评价者选择时下属的数量应保持在多个，以保证匿名性。

第四，选择外部客户作为评价者时应考虑可行性。由于客户评价者身份不同于内部人员，在问卷发放、评价推进、客观性保证等方面都存在一定的困难，受到客观条件和主观条件的限制，在选择客户评价者时要谨慎。

第五，尽量保持不同评价者评价内容一致。实践操作中有时会采用不同评价者分别对同一被评价者的不同指标进行评价的方式。例如，“战略执行”等指标由上级来评价，而客户“服务意识”等指标由于客户最有发言权，则由客户评价，以保证评价者评价最熟悉的指标。这样做确实可以增加相关指标某一方面的评价准确性，但是也存在一定问题。最大的问题就在于评价结论的不完整，背离了多源反馈评价的含义。而且在操作中，后期数据统计、报告展现均会出现一系列的问题，所以在使用时最好谨慎操作。如果确实需要，可以通过调节不同评价者在不同指标上的评价权重的方式变相实现。

二、实施前宣导

宣导对多源反馈调查的实施必不可少。宣导通常包括以下几部分内容：

- 介绍评价技术。
- 明确调查背景、调查目的。
- 介绍评价方案。
- 讲解操作流程。

宣导中首先应对多源反馈调查技术进行简略的介绍。介绍内容包括多源反馈调查的概念、多源反馈调查的用途、多源反馈调查的优势等等。通过介绍可以使参与评价者对多源反馈调查有一个直观的了解，方便后续宣导操作。

在简单介绍完评价技术后，应重点介绍调查评价的背景和调查的目的。前面提到过多源反馈调查可以有考核性和发展性两种目的。相对于发展性调查，考核性调查更容易引发组织中的紧张情绪，各种和考评无关的因素也更容易影响考评的科学性和准确性。因此如何通过事前宣导明确调查目的以及最大限度地消除紧张情绪具有重大的意义。通常而言，将调查目的与组织目标相关联、与个人发展相关联，将更有助于调查活动推进。宣导人从组织的现状和调查目的入手，向评价者明确调查的目的是更好地促进组织发展，促进个人发展，从而让相关人员消除心理负担，认真投入评价。

评价方案的展示通常包括评价内容展示、评价形式展示、评价结果样例展示等等。评价参与者通过方案展示就可以对整个调查有总体的把握。

操作流程展示包含具体调查评价时评价者的操作流程，包括如何勾选作答等内容。

三、分数统计与结果展示

当全部评分都结束后要对调查分数进行统计。通常而言，分数录入统计可以通过统计软件实现。

多源反馈调查的报告通常由两部分组成：个人报告和团体报告。个人报告针对每个被评价者的结果进行展示；团体报告则主要针对整个组织团体的评价情况进行展示。

通常个人报告可以包含以下几部分：

- 导语。
- 评价结果概览。
- 评价结果分维度概览。
- 自我评价中的盲点。
- 培训需求诊断。
- 其他绩效考核结果综合展示等。

团体报告结构类似，只是主要描述对象换成了群体。

在报告中，除了通常的文字描述，也可以引入一些图表，以更直观地展示被评价者的得分。通常报告中展现的图表包括以下几类。

第一，素质现状诊断图。在报告中可首先通过一张雷达图对各个指标得分进行展示，直观地反映被评价者在各个指标上的素质现状，如图 6—10 所示。

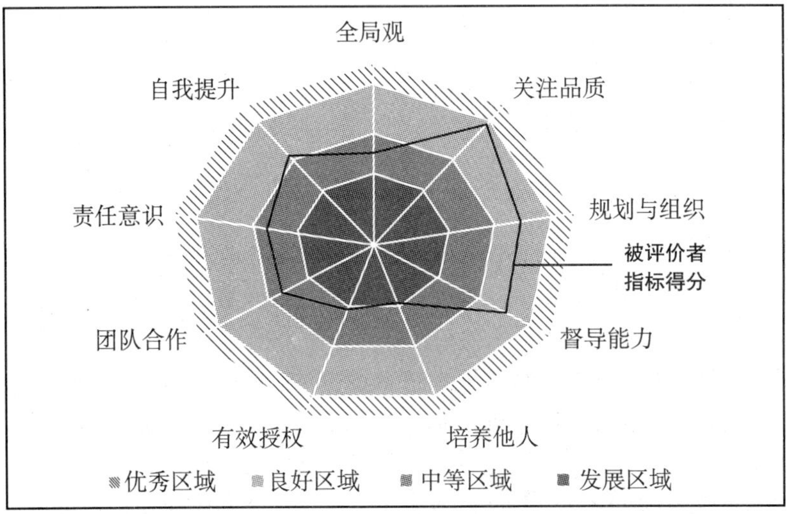

图 6—10　素质现状诊断图样例

第二，同群体人员比较图。这张图可以反映群体在每个指标上的最高分、最低分、平均分以及被评价者的得分分布。通过此图可以实现被评价者同群体内人员的横向比较，如图 6—11 所示。

第三，不同评价者评分比较图。这张图可以将自评分数、不同群体他评分数、总得分数等在不同指标上展现出来。通过这幅图，一方面可以了解被评价者的自我盲点，另一方面可以比较不同评价者的评分状况，如图 6—12 所示。

第四，自我评价盲点分析表。对于被评价者自我评价中突出的优势盲点或者劣势盲点，可以考虑用专门的表格体现。通过这样一种方式可以使被评价者在拿到报告时，重点对相关指标进行关注和自我反思。

- 优势盲点。

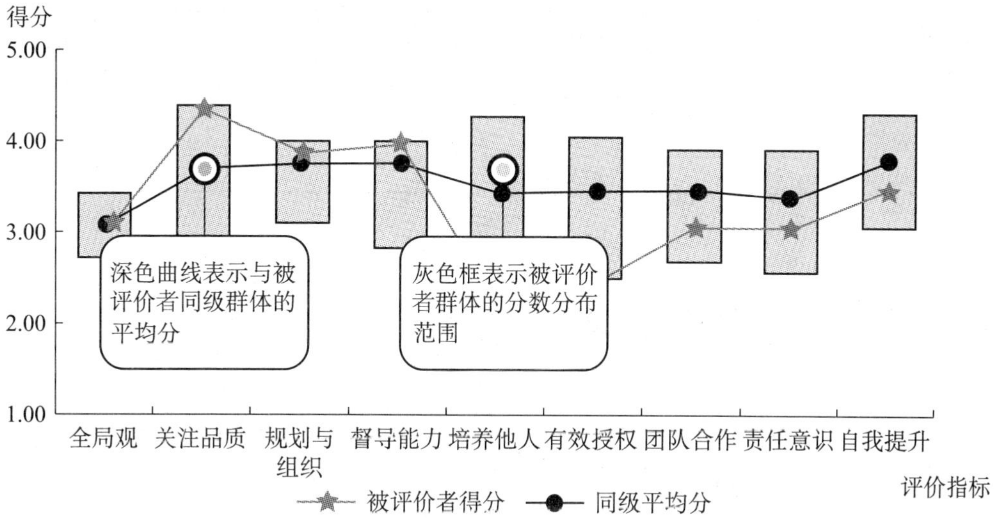

图 6—11 同群体人员比较图样例

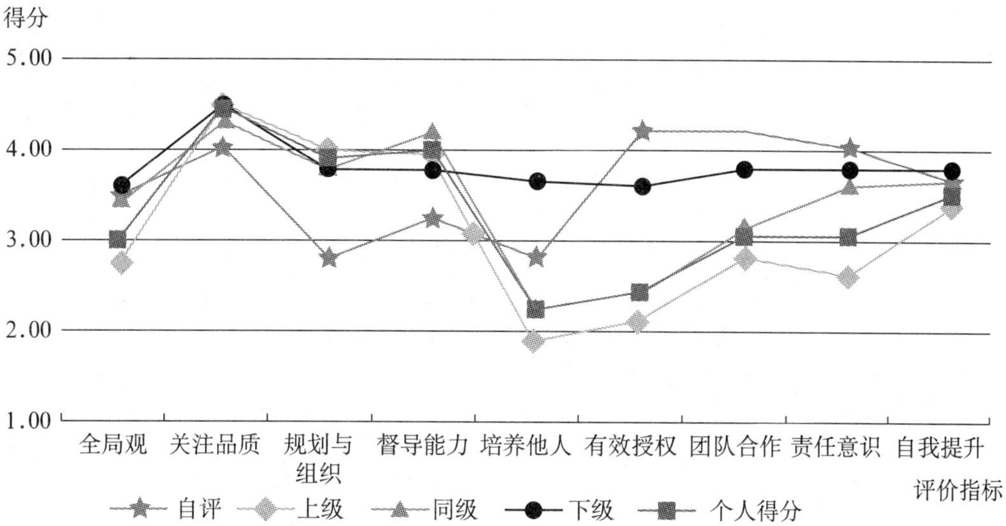

图 6—12 不同评价者评分比较图样例

优势盲点即自评所忽略的优势，如表 6—7 所示。

表 6—7 自我评价优势盲点分析表样例

指标	序号	维度	自评得分	他评得分
规划与组织	6	资源有效组织	2.5	3.76
督导能力	8	指导关键目标与绩效	3	4.24

● 劣势盲点。

劣势盲点即自评所忽略的劣势，如表 6—8 所示。

表 6—8　自我评价劣势盲点分析表样例

指标	序号	维度	自评得分	他评得分
有效授权	13	授权不授责	4	2.39
	14	关键点的监控	5	2.34
团队合作	16	乐于合作	5	3
培养他人	10	创造发展机会	3.5	2.34

四、多源反馈调查的在线实现

随着互联网技术的发展和实际工作中的需要，为提高多源反馈调查使用效率和效果的在线调查方式应运而生。

在线多源反馈调查除了题目填答、分数统计、报告组成是在计算机上通过互联网实现之外，原理方面同传统多源反馈调查完全相同。目前，许多咨询公司、软件服务商都可以提供这种在线服务。有一些较大的组织也自行开发了相关在线工具，大大简化了传统的操作方式。

从调查组织者的角度而言，实施多源反馈调查在题目开发完成之后只需做好几步，如图 6—13 所示。

图 6—13　在线多源反馈调查组织者操作流程

而作答人员的操作流程如图 6—14 所示。

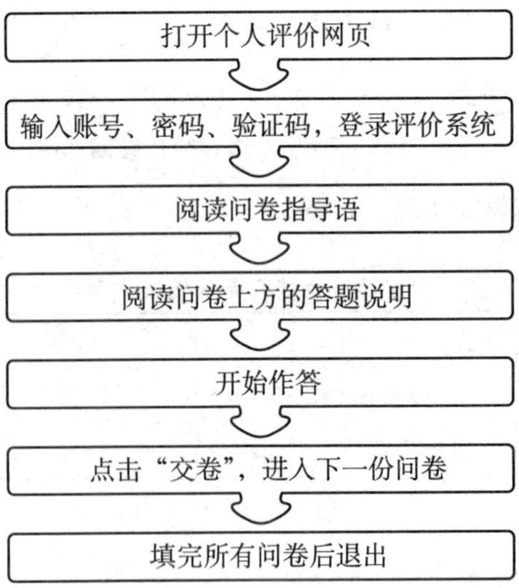

图 6—14　作答人员操作流程

在线实施的多源反馈调查有以下几个优点：

第一，提高了作答者的匿名性。在线作答的过程取代了传统人工收发卷、人工统计录入分数的过程，使得作答内容保密性大幅提高。在评价过程中，评价者往往会对评价结果的保密性有所顾虑，特别是在中国这个人情社会中，这个问题更为突出。通过完全在线操作，评价者可以自由选择答题时间和答题地点，并通过计算机交卷，最大限度地降低作答者的顾虑，保证所收集的信息客观有效。

第二，降低了活动的复杂性。首先，降低了组织者的劳动强度。传统纸笔作答，仅仅是收发问卷一项就使组织者面临巨大的压力。组织者需要将每个评价者所涉及的评价对象对应的问卷分别整理汇总，由于不同评价者所涉及的被评价者数量、层级均不相同，这要耗费大量的时间。而在线调查在导入人员关系表之后，一切均可以由计算机自动实现。其次，降低了评价者的作答复杂性。从形式上来说，评价者可以自选时间地点进行评价。从内容上来说，在线多源反馈调查可以实现相同层级被评价者的同时评价，即同一题目下列出所有需要打分的人员。这样既减少了评价者同一题目做几次的繁琐，又通过比较作答提高了准确性。

第三，保证了对调查过程的实时监控。通过系统后台，调查组织者可以实时监控问卷作答完成情况，及时督促相关人员完成调查。特别在调查涉及人数较多、地域较广时，相关效果更加明显。

第四，提高调查效果。在线系统可以保存历次多源反馈调查数据，实现对组织、个人不同时期评价结果的纵向比较。对于传统纸质调查而言，记录历次调查的每一个指标数据并进行比较相对复杂，而对于计算机系统而言，只需要简单操作便可以实现数据比较，并体现在导出报告中，从而真正便捷地实现了基于发展的多源反馈调查。

当然，在线多源反馈调查也有一定的不足之处，集中体现在系统开发应用的相对复杂性和成本问题。开发一套成熟的多源反馈调查系统对企业的相关技术实力提出了较高的要求。如果引入外部公司相关产品则会涉及一定的费用问题。但从长远来看，随着互联网技术的日趋成熟以及基于在线产品的巨大便利性，在线多源反馈调查会逐步成为多源反馈调查的主流形式，发挥更大的作用。

第七节 多源反馈调查结果反馈

一、多源反馈调查结果反馈面谈

多源反馈调查结果面谈是多源反馈调查不可缺少的一环。通过多源反馈调查的结果反馈，一方面可以对调查中的信息进行反馈，另一方面更可以通过面谈向被评价者澄清相关信息，为被评价者的发展创造有利条件。

多源反馈调查结果反馈面谈应注意以下几点：

第一，做好面谈前报告分析和差异化访谈等准备工作。面谈实施者在进行面谈之前应仔细分析被评价者的调查结果，比较各个指标上的得分并关注自评、他评分数差异较大的状况。一方面，从被评价者的分数走势中发现被评价者分数的低点，在反馈中重点讨论；另一方面，当被评价者的自评得分与他评得分存在较大差异时，要对相关评价者先进行访谈，分析探寻低分原因，澄清相关事实。切忌没有进行差异化反馈就急于对考评结果进行解释。在多源反馈评价中，不同评分者给出的分数差异较大可能存在多种原因。在遇到这种情况时，应同相关人员就相关题目仔细进行探讨，找出评分原因和思路，从而在面谈时可以有的放矢，避免盲目评价。在面谈进行中，遇到对分数有异议的情况也应谨慎处理，深入探讨产生差异的原因。

第二，以行为改进作为反馈面谈的出发点。在反馈面谈时，应将反馈面谈的重点放在被评价者的行为模式以及如何改进提高上。被评价者的行为现状如何，为何会这么做，以及如何做更好将是反馈面谈的重点。这样一方面可以避免反馈中双方发生冲突；另一方面，这种基于发展的面谈也可以切实为被评价者所用，使其在以后的工作中通过改进行为的方式实现绩效的提高。

第三，将更多的时间留给被评价者。在结果反馈面谈当中，应坚持访谈者与被评价者发言的“二八原则”。被评价者发言占总体反馈时间的80%，而访谈者发言时间占总时间的20%。通过“二八原则”保证被评价者有充分的发言机会，阐述对指标的理解、对评分差异的看法等。

二、多源反馈调查的优势与不足

根据前几段叙述，我们将多源反馈调查的优点总结如下：

第一，可以在一定程度上提高绩效考核的准确性。传统考核更多只从上级角度或者相关部门角度评价被评价者。前面已经提到过上级考核具有一定的局限性，多源反馈调查可以在一定程度上克服相关不足。

第二，可以使被评价者获得更加全面的信息。相对于单一信息来源，来自多个方面的反馈信息可以使被评价者得到的信息更客观。被评价者可以从不同方面，了解自己在上级、下属、同级、客户眼中的形象，更容易接受评价的结果。

第三，可以通过行为化的考评条目发挥调查的价值导向作用。多源反馈调查通过细分的指标、条目和行为化的题目，可以使组织成员清晰地了解组织所倡导的行为模式；不同于仅仅对工作结果的考查，它可以使组织成员在评价和被评价的过程中了解什么是组织所倡导的，什么是组织所拒绝的，使组织成员直接通过行为模式学习完成组织倡导的行为，达到价值导向的目标。

第四，可以创造尊重成员意见、民主管理的氛围。它让多个层级的组织人员参与到评价当中，每个人不再是调查评价的旁观者，而是切实的评价参与者。通过这种民主管理的方式，可以充分调动成员的积极性、主动性，让成员有表达看法的渠道，创建更积极和谐的组织工作氛围。

第五，可以让成员避免急功近利的行为。传统的结果考核方式可能会使成员更关注工作的成果，而忽略工作的过程。特别是一些“组织公民”指标，由于无法用明确的绩效指标衡量，很容易导致成员牺牲这些指标以追求单一的绩效。由于多源反馈调查可以通过行为评估评价很多行为性的指标，相应问题便迎刃而解。

第六，可以为后续培训工作提供依据。多源反馈调查可以使组织全面了解组织中人员的素质现状，从而对个人或组织进行有针对性的培训，促进组织成员与组织的发展和提升。

当然，除了优势之外，多源反馈调查也有一定的不足之处，在操作中应重点关注以下几个问题：

第一，正确处理不同来源的信息的差异问题。如前面所说，多源反馈调查中不同来源的评价者的评估结果并不一致，有时甚至可能存在较大差异。面对这种情况时，一定要谨慎对待。在将反馈或者分数应用于发展、考核前应运用差异化访谈等调研手段，确定差异原因，而不应草率对待，以免影响调查应用效果。

第二，将定性指标与定量指标充分结合。多源反馈调查结果定性成分居多，在考核时一定要同时运用定量考核指标。过度依赖多源反馈调查结果会削弱绩效目标的意义，对组织成员产生“过程比结果更重要”的误导，在一些情况下甚至导致被评价者过多关注人际关系而忽略正常的工作效果。

第三，通过各种方式提高多源反馈调查的科学性。多源反馈调查从评估模型确定到题目编制再到评价者选择、权重确定，每一步都需要谨慎操作。评估模型指标选定、题目编制一定要遵循可观察、可测量、可培养的原则。只有这样才能保证调查评价的结果反映被测者的真实状况。就评价者的选择而言，通常建议组织视工作关系安排评价者与被评价者，而非由被评价者自己选择评价者，这样才能保证评价关系的公平性和科学性。就权重设定来说，要扣紧组织的发展现状、测评目的，一成不变的权重设计会严重影响调查结果的科学性。

【思考题】

1. 什么是多源反馈调查？
2. 多源反馈调查的目的是什么？
3. 多源反馈调查的优势和劣势是什么？
4. 多源反馈调查分配评价者时应遵循哪些原则？
5. 多源反馈调查实施过程中有哪些注意事项？
6. 简述评估模型定制流程。

第七章 履历分析

【关键词】

履历分析　加权申请表　履历资料分析与评估

第一节 履历分析法简介

一、履历分析技术概述

1. 概念

履历分析技术又称资历评价技术，是通过对被评价者的个人背景、工作与生活经历进行分析，来判断其是否胜任目标岗位的一种人才评估方法。履历分析通常要求被评价者回答预设的有关个人背景、工作与生活经历的一些问题，评价者按照既定的程序和标准对被评价者的资历进行定量评估，并根据评估结果做出相应的人事决策。①

2. 履历分析技术发展历程

与很多测评方法一样，真正意义上的履历分析诞生于第二次世界大战期间，著名心理学家吉尔福特及其同事发现具有不同个人经历的军人在军事训练中的表现明显不同，于是他们根据这一发现，开始在征兵时利用对个人经历的分析来预测军事训练的成功率，这一做法取得了良好的效果。自此以后，这种通过个人经历预测日后工作绩效的方法开始为人们所关注。第二次世界大战以后，履历分析法的使用范围扩展至民用领域，并逐步发展成型。

履历分析法兼具定量和定性分析的优点，国际上通用的履历分析法一般是以选择题的形式要求被测者填写经历调查表，这其中最有代表性的首推美国人事管理总署研究开发的个人成就信息表（IAR）。该表自1983年起沿用至今，从学习经历、工作经历、工作能力和人际关系等方面编制了148道选择题，每个选择题有5个选项，要求被测者根据自己的实际情况作答。②目前，履历分析已经成为美国公务员选拔的重要测评手段，欧美一些大公司也开发了适合企业自身需要的履历分析测评系统，其中应用最为广泛的主要有权重申请表（weighed application blank，简称WAB）和传记式申请表（biographical information blank，简称BIB）。③

---

①② 参见符健春等：《履历资料测评技术回顾与展望》，载《人类工效学》，2009，15（3）。

③ 参见许铎：《履历分析测评技术在选拔招聘人才中的应用》，载《中国人力资源开发》，2002（10）。

3. 履历分析技术应用于人才测评的三个基本假设

履历分析技术用于人才测评有三个基本假设，其中最主要的假设是一个人过去的行为是预测其未来行为的最好指标，社会认同理论和生态模型理论为此提供了主要依据。社会认同理论认为，人们会通过识别自己和他人在社会中的位置，以及使用兴趣、背景等信息，将自己和他人区分为不同的社会群体。在此过程中，人们会将自身所属群体的价值和态度予以内化，甚至在离开该群体后仍会以该群体的价值和态度来决定自身的行为模式。因此，通过对被测者过去经历和价值观的分析，能有效预测其在新的社会情景和群体背景中的行为。

而生态模型理论认为，生命中的一系列事件是一个学习的过程，虽然遗传和环境资源的限制导致了每个人的初始条件存在差异，但人会通过学习和认知活动来最大化地适应环境。具体地说，人们会根据对结果所感知到的价值去选择努力的情景，而对结果价值的感知是由个人的需求和价值观决定的，因此人们在每一次选择过程中均会反映出个人原有的特征。生态模型理论把人们所做的每一次选择看成人的一个发展历程，随着时间推移，人们会形成特定的选择和行为模式。所以根据生态模型理论可以推论，要预测被测者未来的选择和绩效，了解其先前的经历和行为是非常有价值的。①

假设二是，人们更愿意讨论过去所经历的客观事实，而不愿意讨论隐藏在背后的主观动机。履历分析要求被测者描述已经发生的行为，而不去询问其行为背后的动机，因此与其他测评手段相比更容易为被测者所接受，被测者的回答也更加可靠，掩饰与欺骗的可能性会相对降低。

假设三是，通过对一个人先前经历与行为系统的测量，履历分析能够间接测量被测者的动机特征。②

二、履历分析技术的优势与不足

1. 履历分析技术的优势

履历分析技术作为一种新兴的人才测评技术，具有如下优点：

（1）普遍性。它几乎对所有的部门和岗位都适用，且能从多个维度对被测者进行考察，有助于比较全面地了解被测者。

（2）客观性。由于履历记录的都是过去发生过的客观事实，而且是可以核实的，因此一旦明确了评分规则，就可以做到相对定量化，避免了某些人为因素的影响。

（3）便捷性。虽然履历表的编制比较复杂，需要有人力资源管理和心理学专业知识，但操作非常简单，可长时间重复使用，大大节省了测评成本，因此非常适用于大规模测评活动中的初轮筛选。

（4）准确性。履历分析是通过应试者过去的工作和生活经历来预测其未来的绩效和

① 参见白艳莉：《传记式资料测量：人力资源甄选的一种方法》，载《经济管理》，2007，29（11）。

② 参见符健春等：《履历资料测评技术回顾与展望》，载《人类工效学》，2009，15（3）。

行为表现，其在方法论原则上体现的是整体主义和历史主义，是一种全面、系统的人才测评技术。

2. 履历分析技术的不足

在实际测评活动中，履历分析法也暴露出了一些问题和缺陷，需要我们在应用过程中特别加以注意。

（1）履历的真实性问题。由于填写履历大多采用自我报告的形式，不可避免地会出现某些人为了提高自己入围的可能性而弄虚作假的情况。针对这一问题，就需要在履历表中设置一些真实性监测项目，并尽量减少主观性项目，增加可验证的客观题，必要时也可通过背景调查加以核实。

（2）设计的科学性问题。履历内容的编制会对履历分析的有效性产生重要影响，所以在设计题目时，必须明确岗位任职的标准和胜任力要求，保证题目内容具有针对性，符合基本逻辑，避免产生歧义，且便于被测者理解和填写。

（3）操作的规范性问题。目前许多企业或部门在缺乏专业指导的情况下通过对候选人简历的简单定性分析就做出判断，缺少规范的流程和客观的评分标准，操作随意性大，从而大大降低了履历分析的信度和效度，某种程度上造成了测评方法的滥用。对此，我们必须特别加以重视，千万不要把履历分析理解为简单的简历筛选。

第二节
履历分析法的操作与实施

一、设计履历分析测评表

1. 履历分析测评表设计的方法与选择

设计履历分析测评表的方法有很多，其中最主要的方法有经验法、结构法（理性法）。其中，经验法根据项目与效标之间的关系，对每个项目或项目选项进行评价并赋予权重，这种方法应用最为普遍。经验法基于统计方法来建立测量项目与效标之间的关系，被测者很难判断测验的意图，这降低了被测者欺骗与掩饰的程度。同时，经验法比结构法（理性法）相比更为经济，需要投入的时间和费用相对较少。①

结构法（理性法）则通过工作分析来构建测量项目，并在计算测量项目之间的相关

① 参见符健春等：《履历资料测评技术回顾与展望》，载《人类工效学》，2009，15（3）。

系数后剔除相关较弱的项目。工作分析可以找出工作绩效的影响因素，并以此为依据寻找个体的背景资料作为测量项目。通过结构法构建的测评表通常具有较高的结构效度，但由于测量项目与结构之间的关系更加具有逻辑性，因此更容易受社会称许性的影响。①

2. 确定履历分析项目与权重

履历分析测评表的项目数量要根据目标岗位的特点和测评需要确定，但履历分析测评表均应包括两类项目：一类为可证实的、历史的项目，即“硬项目”；另一类则为不可证实的“软项目”。就预测效度而言，“硬项目”要优于“软项目”，因此筛选出来的项目尽量以可验证的项目为主，但是“软项目”同样有用。②

确定项目权重的主要依据是项目内容与目标岗位要求和工作绩效的相关程度，相关程度越高，权重越大，反之越小。在确定履历分析项目和权重前必须进行全面系统的分析调研，通过工作分析、访谈等调研手段掌握目标岗位对人员能力素质的基本要求。③

3. 加权申请表

加权申请表是履历分析的主要工具之一，其针对被测者的数据搜集更具标准化特点。其所搜集的有关被测者的经历资料，预先经过特别的设计，且其以标准化的计分方式进行评价，进而预测被测者在未来工作上的绩效表现。加权申请表的内容除了职业资格审查的标准外，还应考虑到申请表中的项目能否有效鉴别被测者的能力素质水平及其与目标岗位的匹配程度。因此，选择申请表内容的关键在于仔细推敲申请表中各种信息的必要性，需要通过工作分析等其他手段判断出哪些项目内容对于甄别适合于目标岗位的人员是有价值的。④

加权申请表的项目通常由个人基本情况、个人经历等组成，其中个人经历是加权申请表的重要组成部分，因此为了有效搜集该方面的资料信息，加权申请表必须对如何填写个人经历作出详细、具体的说明。而加权申请表中的项目权重应以项目与目标岗位以及未来绩效的相关程度作为主要衡量标准，相关系数越高，权重越大。例如，通过调查发现某岗位大专以上学历的人 70%绩效优秀，而低学历的人中只有 40%的人有优秀工作表现，在针对该岗位加权申请表的加权设计中，就可以为高学历的人记 80 分，低学历的人记 40 分。⑤

二、进行履历资料分析与评估

在履历分析测评表编写完成并运用其进行测评之后，用人单位须根据既定的评分方

① 参见韦慧明、龙立荣：《履历表测量在人才测评中的应用》，载《商业研究》，2009（4）。

② See Asher J. J.，“The Biographical Item：Can It be Improved?” *Personal Psychology*，1972，25（2）：251－269.

③ 参见符健春等：《履历资料测评技术回顾与展望》，载《人类工效学》，2009，15（3）。

④ 参见宋官东、王海燕：《加权申请表——一种人员录用的定量化方法》，载《社会学辑刊》，1997（2）。

⑤ 参见杨鹏、胡星月：《履历分析技术在领导人才选拔中的应用》，载《新东方》，2006（4）。

式与标准对收集到的履历资料进行分析，并且不同类别的履历资料须采取不同的方法进行评估。杨鹏、胡星月通过研究，将履历资料分为个人基本情况、个人知识与工作能力、个人家庭与社会关系、个人态度与价值观四类。[①]

杨鹏、胡星月同时针对这四类项目提出了三种履历资料的评估方式。第一，乘法公式，即 $P_1=(A\times B\times C\times D)/4$；第二，加法公式，即 $P_2=(A+B+C+D)/4$；第三，混合公式，即 $P_3=[(A+B+C)/3\times D]/2$。其中 P_1、P_2、P_3 为录取概率，A 为个人基本情况得分，B 为个人知识与工作能力得分，C 为个人家庭与社会关系得分，D 为个人态度与价值观得分。P_1、P_2、P_3、A、B、C、D 的值域为 0～100。这三种评估方式代表了不同的用人理念。

上述三个公式中，乘法公式是一个最严格的评价公式。这种评估方法意味着，一旦被测者的某一项得分为零，则其录取概率立即变为零。由于乘法的放大效应，如果被测者存在弱项，其总体分数将受到很大的影响，这种评价方式便于拉开被测者的分数。这一评价公式意味着目标岗位对候选人每一项能力素质的要求都很高，这种评价公式一般会在高层和关键岗位的测评中予以应用。

加法公式是一个相对宽松的公式。这种评估方法意味着被测者在某方面的缺陷可以被容忍，即使测评得分有一项或几项分值较低也会有一定的分数。这种评估方式一般会在岗位重要性一般或者组织能在未来为被测者提供相应的培训的情况下予以运用。按这种公式选人，体现的是“每个人都有可用之处”的用人理念。混合公式则兼顾了乘法公式的严格和加法公式的宽松，同时授予了“人品分”的“一票否决权”。这是目前绝大多数公司“德才兼备，以德为先”的用人理念的体现。

【思考题】

1. 履历分析技术的概念及定义是什么？
2. 履历分析技术应用于人才测评的三个基本假设是什么？
3. 履历分析的主要优劣势是什么？
4. 设计履历分析测评表的基本方法有哪些？

① 参见杨鹏、胡星月：《履历分析技术在领导人才选拔中的应用》，载《新东方》，2006（4）。

第八章 民主考察

【关键词】

民主考察　民主推荐　民主测评　个别谈话　民主公示

第一节 民主考察概述

民主考察是党政机关、事业单位、国有企业的领导干部竞争性选拔工作的重要环节。这是因为，它是体现群众意愿、增强干部选拔公信度的具体表现。中共十二大通过的《党章》规定："党按照德才兼备的原则选拔干部，坚持任人唯贤，反对任人唯亲……"[①] 中共十六大报告指出："以建立健全选拔任用和管理监督机制为重点，以科学化、民主化和制度化为目标，改革和完善干部人事制度。扩大党员和群众对干部选拔任用的知情权、参与权、选择权、监督权。"[②] 在这样的环境中，领导干部选拔实行民主考察得以产生并开始试行。随后，许多地区响应了号召，在干部选拔中大胆探索民主考察方式。中组部于1983年制定的《关于改革干部管理体制若干问题的决定》提出："今后提拔干部，必须坚持群众推荐或民意测验，干部管理部门考察，党委集体讨论决定的制度……" 1986年11月，中组部转文肯定了广东省和北京市在民主考察中的实践经验，并要求在全党各组织中推行民主考评的做法。[③] 1998年中组部颁发的《党政领导干部考核工作暂行条例》使用了"民主测评"的概念，并将民主测评列入干部考核的必要程序。[④] 2006年，中组部下发了《体现科学发展观要求的地方党政领导班子和领导干部综合考核评价试行办法》，对民主推荐、民主测评、民意调查等作了系统和专门性的规定。这些政策性的文件被各级组织部门广泛应用和实践，推动民主考察工作不断完善和发展。

民主考察运用于领导干部的竞争性选拔具有重要的意义。主要体现在以下几点。

第一，树立正确用人导向。

民主考察是把干部的选择权交给人民群众，真心实意尊重群众的意见，选群众信得过的领导，树立重实绩、重民意的用人导向，切实把实绩突出、不事张扬、德才兼备、群众认可的优秀干部选拔上来，激发干部的积极性、主动性、创造性，引导干部真抓实干、务求实效的良好风气。

第二，民主考察为竞争性选拔领导干部录用决策提供科学依据。

① 《中国共产党党章》，1982年9月6日通过。

② 《中国共产党第十六次全国代表大会文件汇编》，35页，北京，人民出版社，2002。

③ 参见《干部管理工作文件汇编》，185页，北京，党建读物出版社，1995。

④ 参见丁文选：《创新干部考核方法》，载《领导科学》，2006（6）。

选拔人才不是一件容易的事情，选拔领导干部人才更是极具有挑战性的工作。如果让一个或少数“伯乐”来决定“马”的好坏，风险比较大。而民主考察则可以通过“多双眼睛”观察，由“少数人在少数人中选人”转为“多数人在多数人中选人”，可以在一定程度上克服选人用人上失察失误的弊端。民主考察用“事实说话”，为干部“能上能下”提供理由和依据，让上者服众，下者服气，有利于疏通“干部能上能下”、“能官能民”的渠道。

干部生活在群众之中，思想政治素质、工作表现如何，是否切实为群众干实事、为企业谋发展，群众看得最清楚。运用“民主考察”的方法，能够让群众更多参与干部选拔工作，为竞争性选拔领导干部工作提供事实依据，如干部作风问题、思想问题、品德问题，是否为民干实事、为国有资产保值增值等。在竞争性领导干部选拔中听取群众意见，有利于对干部做出客观公正、实事求是的评价，更加全面客观地评价干部的政治水平、素质能力、工作实绩等。

第三，阳光作业。

领导干部竞争性选拔加入民主考察环节，可以增强领导干部自律意识，变“暗箱操作”为“阳光作业”，增强选拔工作的透明度，为监督创造了条件。民主考察让“知情权、参与权、选拔权、监督权”都还于群众，体现了竞争性选拔领导干部公开、民主、透明的原则，测评结果具有更高的权威性。可以打破一把手选人上的权力，最大限度地杜绝在干部选任上一人说了算的事情发生，解决用人唯亲、裙带关系等腐败问题及种种弊端。

第二节 民主考察形式

在竞争性选拔领导干部中，民主考察主要有四种形式，即民主推荐、民主测评、个别谈话和民主公示。

一、民主推荐

《党政领导干部选拔任用工作条例》中规定：“选拔任用党政领导干部，必须经过民主推荐。”因此，民主推荐成为选拔党政干部的不可或缺的环节。

1. 民主推荐主体

根据《体现科学发展观要求的地方党政领导班子和领导干部综合考核评价试行办

法》，对于会议投票和个人谈话推荐的方式，一般需要有党委、人大常委会、政府、政协领导成员，人民法院、人民检察院主要领导成员，纪委副书记，部分党委工作部门、政府工作部门、人民团体的主要领导成员，下一级党委和政府的主要领导成员，担任过本级正职领导职务的老同志，以及其他需要参加的人员参加。这是针对党政干部来讲的。

对于国有企业高层管理人员来讲，民主推荐工作部门的领导成员由本部门的领导成员、内设机构领导成员、直属单位主要领导成员和其他需要参加的人员参加；本部门人数较少的，可以由全体人员参加。如采用竞争性选拔的候选人，民主推荐需要候选人所在单位的总部正职、副职，下属单位正职以及领导班子成员参加。

2. 民主推荐形式

民主推荐采用的是不记名形式，参与民主推荐的人员只需写上被推荐人的姓名以及推荐理由即可。

二、民主测评

民主测评是在一定范围内了解干部群众对考核对象评价意见的一种方法。民主测评一方面是为了了解干部在群众中的形象，另一方面是为了激励和引导领导干部改进作风，重视民意，坚持走群众路线。

1. 民主测评内容

民主测评的内容主要体现在德、能、勤、绩、廉五个类别上，在五个类别上根据测评对象的不同设计不同的评价要点。

对党政干部来说中，测评内容主要包括政治方向、精神面貌，贯彻科学发展观、驾驭全局、务实创新、处理利益关系、处置突发事件的能力，物质文明建设、政治文明建设、精神文明建设、和谐社会建设和党的建设，以及党风廉政建设等方面的情况。根据测评内容，设置评价要点。对党委领导班子侧重评价总览全局、协调各方、科学决策、党的建设等情况。对政府领导班子侧重评价维护大局、围绕中心、依法行政、政府效能建设等情况。

对于国有企业高层管理者来讲，民主测评内容主要包括政治态度、思想品质，工作思路、组织协调、选人用人、依法办事、心理素质，精神状态、工作作风，履行职责成效、解决复杂问题、基础建设，廉洁自律等方面的情况。根据测评内容，设置评价要点。对党委领导班子成员侧重评价战略思维、协调各方、抓班子带队伍、基础工作等内容。对政府领导班子成员侧重评价创新意识、分工协作、抓落实促发展、部门管理等情况。

2. 民主测评的形式

（1）民主测评是在笔试、面试等测评环节结束之后进行的，考察的时候，在候选人的单位进行调查，填写调查表等。调查表中有多个测评项目，项目分为优秀、良好、一般、较差四个档次。在民主测评时，对于党政领导干部来说，参加人员与党政领导干部的民主推荐环节一样，需要有党委成员，人大常委会、政府、政协领导成员，人大党委、政协党委、纪委党委，人民法院、人民检察院、党委工作部门、政府工作部门、人民团体的主要领导成员，下一级党委、人大常委会、政府、政协的主要领导成员，担任过本级正职领导职务和近两届担任过本级副职领导职务的老同志，以及其他需要参加的人员参加。

对于国有企业高层领导干部的竞选需要候选人总部正职、副职，下属单位正职以及领导班子成员参加。

（2）在素质测评环节引入群众评议。如2010年长沙采用竞争性选拔领导干部时，引入了群众评议。群众代表在素质测评环节就可以对测评对象进行打分。群众评议团由具有相关背景的人组成，如竞争卫生局长时，群众基础评议团由县卫生局负责人、医院负责人，以及人大、政协中医疗卫生界的人士组成。[①] 群众评议分直接记入素质测评总分。这种民主测评方式是一种创新，也是一种进步，充分显示了民主测评的意义。

三、个别谈话

个别谈话主要是为了深入了解领导干部的人才素质情况。个别谈话要结合民主推荐、民主测评等情况，有针对性地进行。

1. 个别谈话主体

一般需要到候选人所在地方、部门（单位）进行。对于党政领导干部竞争性选拔，个别谈话的对象一般包括部门（单位）领导成员、有关内设机构和直属单位主要领导成员，以及候选人本人。根据需要，个别谈话可以扩大范围，深入了解候选人的有关情况。

对于国有企业竞争性选拔领导干部的个别谈话要求部门的正职、下属单位正职参加。在参加人员上与民主推荐或民主测评唯一的区别就是总部的正职、副职不用参加。在个别谈话中有3名以上同志（可根据组织实际情况来定）反映同一问题，在个别谈话报告中予以说明。对个别谈话中有明显不良反映且线索具体、情节严重的，在查清之前，在竞争性选拔中应不做出录用的决定，并请求专门调研组进行调查核实。

2. 个别谈话内容

个别谈话可以在民主测评的基础上，进一步了解候选人适应职位的能力、思想作风、发展潜力和心理素质等方面的情况，印证不同考察环节的评价意见，核实反映的问题，全面了解候选人。

四、民主公示

当各个环节考察合格时，将候选人的资料提交给组织党委（党组），并向党委（党

① 参见《湖南长沙选拔领导第二轮大PK　首次引入群众评议》，见中国新闻网，http：//www.chinanews.com/gn/2010/10-18/2593385.shtml。

组）汇报，当党委（党组）同意后，组织对候选人进行公示。民主公示主要公示候选人的职务、个人经历，在此测评结果不进行公示。公示的作用主要是让全体成员了解候选人情况，在公示期内，任何人都可以提意见，提意见时可以署名也可以不署名。民主公示也可以发现带病上岗、有犯罪前科等，而这些在考察期间又没有考察到的候选人。民主公示起到完善测评环节的作用。当民主公示没有问题后，单位才可录用候选人。

第三节 民主考察的组织与实施

一、组织实施注意事项

（1）在组织实施过程中，须切实加强思想政治工作以及引导工作，详细说明民主考察的目的和意义，严肃纪律，加强监督，使参与主体实事求是地进行评议。

（2）各级组织部门应当认真履行职责，精心组织，加强协调，既发挥好有关职能部门的作用，又避免多头或重复考核。

（3）针对不同类型考核的特点和要求，对各种具体考核方法的运用可作适当简化。各地在考核评价地方党政领导班子及其成员时，可对有关评价内容作适当调整。

（4）考察结果作为领导干部选拔任用重要依据。

二、组织实施主体

在竞争性选拔中实施的民主考察方式，对于党政干部来说，在各级党委领导下，由组织部门组织实施；对于国有企业来讲，一般由组织人事部进行组织和实施。

三、组织实施程序

1. 民主推荐或民主测评一般实施程序

（1）准备材料。印制候选人履历、民主推荐或民主测评表格（事先制定好评价标准和评价要点）、竞争职位信息表等相关资料。

（2）确定参与主体。根据上一节详述的参与主体，确定具体的参与人员。为了增加公信度，可按照“有经常性工作接触”的原则，适当扩大、科学确定参加民主推荐和民主测评的人员范围。

(3) 下发会议通知。根据候选人的测评进程及其他客观的因素，事先确定好时间，并下发民主推荐或民主测评的会议通知。通知内容主要包括：竞争职位，任职资格，会议召开时间、地点等事项。

(4) 会议准备。测评单位工作人员（组织人事部）联系布置会场，民主考察测评组组长负责对准备工作进行核查。

(5) 召开民主推荐或民主测评大会。在此环节采用“统一发表、现场说明、分散填写、限时回收”的方式进行。会议上由考察组组长主持，对民主推荐或民主测评的内容、意义和方法等进行说明。考察组工作人员向参会人员发放民主推荐或民主测评表。参与人员在会议中分散填表并投票，增加独立思考、独立填表或填票的空间。

(6) 回收推荐表或测评表。核对数量无误后，将推荐表或测评表交给考察组进行统计，并生成考察结果。

(7) 党委会审定。将考察结果上交给各单位党委会，党委会对结果进行审定。

2. 个别谈话一般实施程序

(1) 设计谈话提纲。结合素质测评、民主测评或民主推荐以及竞争岗位设计个别谈话提纲，针对不同的考察对象确定谈话重点。

(2) 确定谈话人员。根据个别谈话参与主体要求，确定具体的谈话对象、级别等信息。

(3) 发放谈话预告。在实施谈话之前，对候选人所在单位需要参加个别谈话的人员发放谈话的预告。

(4) 实施个别谈话。实施个别谈话时注意突出重点，有针对性地进行。深入了解候选人思想作风、发展潜力、适应职位能力等情况。

(5) 撰写个别谈话报告。根据实际谈话情况，将谈话内容客观地反映在报告中，并将报告归于候选人的测评文件当中。

3. 民主公示一般实施程序

(1) 汇总各环节考察结果。将所有测评环节的考察结果进行汇总或综合分析，定出等级。

(2) 提交报告至党委（党组）。当各个环节都考察合格时，将候选人的资料提交给组织党委（党组），并向党委（党组）汇报具体情况。

(3) 公示。党委（党组）对候选人的资料以测评结果进行评议，同意后，组织人事部对候选人的职务、个人经历进行公示。在公示期内，任何人都可以向组织单位提意见，并对署名不作要求。

(4) 录用。当在公示期内，大家对候选人没有异议时，单位可录用候选人。

四、网络化民主考察方式

上述讲到的现场填表或填票的方式一方面分类数据统计效率不高，另一方面，参与主体在相对集中的环境中，对测评表的公开填写，心有顾虑，使得民主考察的客观性、公正性不能保证。网络化民主推荐或民主测评可以克服上述两大缺点。在考察程序上，网络化可以满足考察工作规范性的基本要求；在保密性上，可将考察系统设置为仅识别打分记录和文字意见记录，而不显示参与人员的姓名等信息，可以打消参与考察人员的顾虑，民主考察的真实性更强。因此，网络化民主考察方式值得借鉴和推广。

【思考题】

1. 民主考察的形式有哪些？
2. 民主测评的形式是怎样的？
3. 个别谈话如何展开？

图书在版编目（CIP）数据

人才测评操作实务/苏永华主编．—2版．—北京：中国人民大学出版社，2016.2
21世纪应用心理学系列教材
ISBN 978-7-300-22480-0

Ⅰ．①人…　Ⅱ．①苏…　Ⅲ．①人员测评-高等学校-教材　Ⅳ．①C962

中国版本图书馆CIP数据核字（2016）第028770号

21世纪应用心理学系列教材
名誉主编　张厚粲　杨玉芳
主　　编　孙健敏
人才测评操作实务（第2版）
苏永华　主编
Rencai Ceping Caozuo Shiwu

出版发行	中国人民大学出版社		
社　　址	北京中关村大街31号	**邮政编码**	100080
电　　话	010－62511242（总编室）		010－62511770（质管部）
	010－82501766（邮购部）		010－62514148（门市部）
	010－62515195（发行公司）		010－62515275（盗版举报）
网　　址	http://www.crup.com.cn		
经　　销	新华书店		
印　　刷	北京宏伟双华印刷有限公司	**版　　次**	2011年5月第1版
规　　格	185 mm×260 mm　16开本		2016年3月第2版
印　　张	11.25 插页1	**印　　次**	2020年5月第2次印刷
字　　数	247 000	**定　　价**	29.00元

关联课程教材推荐

书号	书名	作者	定价
978-7-300-24134-0	发展心理学（第3版）	雷雳	45.00元
978-7-300-24280-4	社会心理学（第3版）	乐国安　管健	52.00元
978-7-300-17187-6	心理测量与测验（第2版）	郑日昌　孙大强	45.00元
978-7-300-25588-0	变态心理学（第3版）	王建平 等	59.80元
978-7-300-24309-2	实验心理学（第2版）	白学军 等	45.00元
978-7-300-19545-2	人才素质测评	徐世勇　刘亚军	35.00元
978-7-300-22480-0	人才测评概论（第2版）	苏永华	39.00元
978-7-300-22418-3	人才测评案例集（第2版）	苏永华	16.90元
978-7-300-21014-8	人力资源管理	孙健敏	35.00元
978-7-300-21006-3	职业心理学	胡平	38.00元

配套教学资源支持

尊敬的老师：

衷心感谢您选择使用人大版教材！相关配套教学资源，请到人大社网站（www.crup.com.cn）下载，或是随时与我们联系，我们将向您免费提供。

欢迎您随时反馈教材使用过程中的疑问、修订建议并提供您个人制作的课件。您的课件一经入选，我们将有偿使用。让我们与教材共成长！

联系人信息：
地址：北京海淀区中关村大街31号206室　　龚洪训 收　　邮编：100080
电子邮件：gonghx@crup.com.cn　　电话：010-62515637　　QQ：6130616

如有相关教材的选题计划，也欢迎您与我们联系，我们将竭诚为您服务！
选题联系人：张宏学　　电子邮件：zhanghx@crup.com.cn
电话：010-62512127　　QQ：66828707

心理学专业教师QQ群：
259019599

欢迎您登录人大社网站浏览，了解图书信息，共享教学资源
期待您加入专业教师QQ群，开展学术讨论，交流教学心得